AI와 디지털 헬스케어

AI문고

인공지능 시대입니다. 기계가 인간의 인지를 대신하고, 사물이 인간을 통하지 않고 다른 사물과 직접 커뮤니케이션합니다. 이에 따른 인간 삶과 문명 변화를 정확히 이해·예측·대응하는 것은 이 시대 우리 모두의 과제입니다. AI문고는 인공지능 기술과 환경의 여러 주제를 10가지 키워드로 정리합니다. 관련 개념과 이론, 학계와 산업계의 쟁점, 우리 일상의 변화를 다룹니다. 인간과 기술의 현재, 미래를 세심히 분석합니다.

일러두기

- 인명, 작품명, 저서명, 개념어 등은 한글과 함께 괄호 안에 해당 국가의 원어를 병기했습니다.
- 외래어 표기는 현행 어문규정의 외래어표기법을 따랐습니다.
- 의학 관련 용어에는 영문 및 영문 약어가 많아 최대한 괄호 안에 그 의미를 상세히 서술했습니다.

처음이세요?
전문가세요?

지금, 큐알 찍으면

🎁 AI 입문서 바로 선물

📚 당신만의 필독서 추천

📖 500권 요약본 공짜

🎧 오디오북 무료 사용

AI와 디지털 헬스케어

임미가

대한민국, 서울, 커뮤니케이션북스, 2025

AI와 디지털 헬스케어

지은이 임미가
펴낸이 박영률

초판 1쇄 펴낸날 2025년 8월 6일

커뮤니케이션북스(주)
출판 등록 2007년 8월 17일 제313-2007-000166호
02880 서울시 성북구 성북로 5-11
전화(02) 7474 001, 팩스(02) 736 5047
commbooks@commbooks.com
www.commbooks.com

ISBN 979-11-430-0137-5 03500

책값은 뒤표지에 표시되어 있습니다.

차례

사회적 난제를 해결하는 디지털 헬스케어

"당신은 몇 살인가요?" 이 책을 읽는 독자의 연령은 다양할 것이다. 중학생일 수도, 60대 이상의 어르신일 수도 있겠다. 미래학자들은 100세 시대를 넘어 이제 120세 시대를 대비해야 한다고 말한다. 만약 당신이 60세라면, 지금까지 살아온 세월만큼의 시간이 앞으로 남아 있다. 우리가 궁극적으로 원하는 것은 삶의 행복이며, 그것은 단지 긴 수명을 이야기한다기보다는 정신적 · 신체적으로 건강한 삶을 오래 유지하는 것이라고 생각한다.

경제협력개발기구(OECD, Organization for Economic Co-operation and Development)는 '우리가 원하는 미래'를 '개인과 사회의 안녕'이라고 보았다. 여기서 '안녕(Well-Being)'은, 경제적 측면뿐 아니라 교육, 공동체, 환경, 정치적 참여, 일과 삶의 균형, 건강, 삶의 만족도, 안전 등 사회 발전 및 개인 삶의 질에 기여하는 전반적인 요소를 포함한다(최수진 외, 2017).

우리의 '안녕'한 삶을 위한 '건강'이라는 주제를 조금 더 상세히 살펴보자. 우리는 산업 혁명에 대하여 이야기할 때 인공지능(AI, Artificial Intelligence)으로 대표되는 '4차 산업 혁명'이라는 표현을 자주 사용한다. 그리고 이전에는 이렇게 명확하게 자주 표현하지는 않았지만, 인류 역사 속에는 기술적으로 큰 진전을 이루며 산업과 사회의 변화를 견인한 1차(증기 기관), 2차(전기), 3차(컴퓨터) 산업 혁명이 있었다. 지난 2023년 보건복지부는 '모든 국민이 건강한 헬스케어 4.0시대의 구현'을 목표로 한다고 발표했다. 우리가 크게 인식하고 있지 않았을 수는 있지만, 그간 헬스케어 산업에도 1.0, 2.0, 3.0시대라는 발전의 흐름이 있었다. 헬스케어 1.0시대는 공중 보건이 발전한 시기로, 환자와 의료진 간의 접촉을 통한 '치료 중심'의 시대다. 헬스케어 2.0시대는 진단 기술 및 생명공학의 발전으로 정밀 진단(MRI, CT, 초음파 등)이 발전한 '예방 중심' 시대다. 헬스케어 3.0시대는 최근 10여 년간 정보 기술(IT, Information Technology)의 발전으로 인해 전자의무기록(EMR, Electronic Medical Record)이 도입되는 등 자동화 체계, 원격 진료 등의 변화가 시작된 '정보 기반' 의료 서비스 시대다. 헬스케어 4.0시대는 4차 산업 혁명의 영향하에서 인공지능, 사물인터넷(IoT, Internet of Things), 클라우드(Cloud: 네트워크를 통하여 접근할 수 있는 가상화된 데이터 저장소) 등과 결합된 '지능 정보 기반' 의료 서비스 시대다. '지능 정보 기반' 의료 서비스를 통해 P4(Predictive, Preventive, Participatory, Personalized: 예측, 예방, 참여, 개인화) 의료를 실현할 수 있다(Li & Carayon, 2021, 재구성). 기술의 발전과 결합한 헬스케어의 변화는 정확성, 정밀성, 연결성을 확장하며 우리의 '건강한 오랜 삶'을 위해 꾸준히 고도화하고 있다.

한편, 우리의 미래에 영향을 줄 여러 사회적 어려움이나 난제를 예측하고 이에 대비하여 지속적으로 인류 행복의 기반을 다지는 것 또한 인류의 '건강한 오랜 삶'에 중요한 일이다.

과학정책기술연구원(STEPI, Science and Technology Policy Institute)은 2019년부터 '국가 난제'를 발표하고 있다. 국가 난제란 '다수의 국민이 체감하고 있으나 개인 혹은 단체 차원에서 해결할 수 없어 정부의 대응을 기대하는 문제로서, 오랜 시간 갈등이 심화하여 고착된 경제 · 사회 시스템적 이슈'를 이야기한다. 과학정책기술연구원은 2023년과 2024년 모두 10대 국가 난제로 '인구구조 변화에 대한 대응'을 포함하고 있다. 보건복지부는 이에 따른 대응책으로 환자 중심 의료 기술 최적화 연구사업, 노인 건강 관리, 전자약 기술 개발, 질병관리청의 국가 보건 의료 연구 인프라 구축 등을 제안하고 있다(과학기술정책연구원, 2025).

'인구 구조의 변화'에는 여러 요인이 있겠으나 대표적인 원인은 저출산의 심화와 고령화의 가속이다. 고령 인구의 상대적 비중이 증가하는 것에 대한 해결책은 별도로 논의가 되겠지만, 이와 함께 반드시 고민해야 하는 것이 고령 인구의 건강 관리 영역이다. 이는 개인 행복의 영역이기도 하지만, 한편으로는 국가의 의료 재정 문제와도 밀접하게 연관되어 있다.

우리나라에서는 빠른 속도의 인구 고령화로 인하여 의료 서비스의 비용이 증대하고 가계와 건강 보험의 재정이 불안정해질 위험이 지속적으로 제기되고 있다. 65세 이상의 노인 인구 비율은 1960년 2.9%에서 2009년에는 10.65%로 증가했다. 노인 부양 지수는 2009년부터 2050년까지 경제협력개발기구 국가들 가운데 가장 크게 증가할 것으로 추정하고 있다(정완교, 2010).

한편, 노년기에는 정신적 불안 요인도 증가한다. 사회적 역할 상실, 배우자 또는 본인 사망에 대한 불안 등 정신 건강에 부정적인 영향을 미칠 수 있는 요인들을 쉽게 경험하게 된다(신원우, 2011). 또한, '외로움'이나 '사회적 고립'과 같은 부정적 정서는 노년기뿐 아니라, 연령에 관계 없이 사회 구성원 누구나 겪을 수 있고, 현대 사회에서는 그 비율이 증가하고 있다(안현찬 외, 2022).

그러나 이와 같이 불확실하고 복잡하며 모호한 특성이 있는 미래 사회의 여러 난제를 우리는 새로운 기술로 극복할 수 있다(임미가, 2024). AI라는 거대한 기술 변화의 물결 속에서 우리의 신체적, 정신적으로 건강한 삶을 위한 '헬스케어의 세계'는 어떠한 모습으로 발전할 것인지 함께 살펴보자.

책의 구성

저자는 기술교육학자로서, 미래 사회의 구성원이 개인과 사회의 건강을 위해 디지털 헬스케어 리터러시(Literacy: 소양)를 함양하는 것을 이 책의 집필 목표로 하였다.

이 책을 통해 독자들은, 정보 기술과 헬스케어(HealthCare)의 결합이 어떠한 형태로 우리 일상과 함께하고 또 어떠한 혜택을 주는지, 그 과정에서 고민해야 할 것은 무엇이고 그러한 기술의 미래는 어떠할지에 대하여 포괄적으로 이해할 수 있을 것이다.

1장 '디지털 헬스케어의 필요성', 2장 '디지털 헬스케어의 활용'은 디지털 헬스케어를 이해하고, 친숙해질 수 있도록 구성했다. 3장 '빅 데이터, AI와 헬스케어', 4장

'웨어러블 디바이스와 헬스케어'를 통해서는 디지털 헬스케어의 기술적 원리를 알 수 있도록 했다. 5장 'AI와 디지털 심리 케어', 6장 '우울증과 디지털 심리 케어'에서는 심리적 건강 관리에서 디지털 헬스케어가 중요한 역할을 할 수 있음을 살펴보았다. 7장 'AI와 원격 의료 체계', 8장 '디지털 헬스케어 정책'에서는 디지털 헬스케어가 우리 생활에 안착하기 위해 필요한 제도적 측면을 살펴보았고, 9장 'AI와 의료 윤리', 10장 '디지털 헬스케어의 미래'를 통해서는 윤리적 측면과 함께 앞으로 해결해야 할 과제에 대하여 고찰할 수 있도록 했다.

AI와 결합한 디지털 헬스케어가 우리의 삶을 신체적·정신적으로 건강하게 가꾸어 주고, 결과적으로 '개인과 사회의 안녕'을 실현하게 하는 동반자가 되어 줄 것을 기대한다. 그리고 이 책이, 함께하는 독자들의 건강하고 행복한 삶에 도움이 되기를 소망하는 마음을 담아 머리글을 마친다.

참고문헌

과학기술정책연구원. STEPI 국가난제.
https://www.stepi.re.kr/site/nwpko/main.do

신원우(2011). 노인의 신체 및 정신 건강 문제와 생활만족도간의 관계. 《노인복지연구》, 54, 135~163쪽.

안현찬 외(2022). 서울시 1인가구 실태조사 및 제도개선 연구 용역 보고서. 서울연구원.

임미가(2024). 돈 아이디의 기술철학이 인공지능 기술에 주는 함의. 《윤리연구》, 144, 95~114쪽.

정완교(2010). 고령화와 의료서비스 비용(정책연구시리즈 2010-05). 한국개발연구원.

최수진 외(2017). OECD 교육 2030 참여 연구(연구보고 RR 2017-18). 한국교육개발원.

Li, J.& Carayon, P.(2021). Health care 4.0: A vision for smart and connected health care. IISE trans healthc syst eng. 11(3), pp.171~180.

01
디지털 헬스케어의 필요성

세계 최대 규모의 IT 융합 전시회인 미국 CES(Consumer Electronics Show)에서 주목해야 할 기술 중의 하나로 매년 디지털 헬스케어를 선정하고 있다. 개인의 지속 가능하고 행복한 삶의 영위를 위해서는 디지털 헬스케어에 관한 이해와 함께 이를 활용하기 위한 디지털 헬스케어 리터러시의 함양이 필요하다.

AI와 1인 창업?

디지털 헬스케어의 의미

'돈을 잃으면 조금 잃는 것이고, 명예를 잃으면 반을 잃는 것이며, 건강을 잃으면 전부를 잃는 것이다'라는 말이 있다.

기술의 발전은 인간 수명의 연장을 도왔다. 이제는 또 다른 기술로 긴 수명을 건강한 시간으로 만들어야 한다. 그리고 그 해법은 '디지털 헬스케어'에 있다.

'디지털 헬스케어(Digital Healthcare)'란 정보 기술(IT)과 생명 기술(BT)을 결합하여, 개인의 건강 상태를 지속적으로 관리하고, 질병을 조기에 예측하며, 필요 시 최적의 의료 서비스를 제공할 수 있도록 돕는 기술과 산업을 말한다. 이는 단순한 의료 기기의 발전을 넘어, 의료 체제의 패러다임을 바꾸는 흐름이다. 미래 의료는 디지털 헬스케어를 통해 P4(Predictive, Preventive, Participatory, Personalized: 예측, 예방, 참여, 개인화) 의료 체계로 변화할 것이다(Collatuzzo & Boffetta, 2022).

디지털 헬스케어의 주요 분야로는 ① 질병을 조기에 발견하는 데 활용되는 AI 기반 예측 시스템(예측), ② 일상적인 건강 관리를 돕는 디지털 웰니스(예방), ③ 환자와 의료진이 시간과 장소에 구애받지 않고 만날 수 있는 원격 의료(참여 촉진), ④ 여러 기관의 의료 정보를 모아 환자 맞춤형 진료를 가능하게 하는 의료 정보 통합 플랫폼(개인화), ⑤ 약 없이 소프트웨어만으로 질환을 치료하는 디지털 치료제(신개념 치료) 등이 있다.

이들 분야는 건강을 일상에서 관리하려는 노력, 비약물 치료의 확대, 의료 접근성 향상, 데이터 기반의 맞춤형 의료 실현이라는 목표를 바탕으로 빠르게 발전하고 있다.

디지털 헬스케어의 발전 과정

'치료'보다 '예방'이 먼저다. 과거에는 단순 의료 장치를 사용하여 발병 후 치료 중심의 처치가 이루어졌으나, 관련 기술이 발전하면서 현재는 스마트 의료 장치를 통해 개인 맞춤형 치료가 가능해졌고 나아가 미래에는 지능형 의료 설루션(solution)을 통해 예방적 헬스케어 중심의 서비스가 제공될 것이다.

디지털 헬스케어는 케어 범주의 변화와 함께 다양한 용어로 변천해 왔다. 관련 용어로는 E-헬스케어(Electronic Healthcare), U-헬스케어(Ubiquitous Healthcare), 스마트 헬스케어(Smart Healthcare) 등이 있다. 이전의 개념이 주로 디지털 기술을 활용하는 헬스케어를 의미했다면, 현재의 디지털 헬스케어는 이전보다 개인의 '일상'과 더욱 밀접한 관련을 가지고, 더욱 광범위한 헬스케어 시스템과 '연결'되며, 치료보다 '예방 및 관리' 우선으로 진화된 개념이라고 할 수 있다.

디지털 헬스케어는 두 차례의 전환의 시기를 통해 큰 발전을 이루었다. 첫 번째 시기는 2014년경으로 글로벌 IT 기업들이 본격적인 디지털 헬스케어 산업에 진출했던 시기다. 이 시기에 애플(Apple), 구글(Google), 아이비엠(IBM) 등이 헬스케어 플랫폼, 헬스케어 디바이스 등을 개발·출시하고 디지털 헬스케어 산업 투자를 확대하면서 관련 산업이 크게 성장했다.

두 번째 시기는 2019년경으로 코로나19 팬데믹(Pandemic: 사람들이 면역력을 갖고 있지 않은 질병이 전 세계로 전염·확산되는 현상) 시기다. 2019년 11월 중국 후베이성 우한시에서 처음 확인된 코로나19 감염증은 빠른 시간 안에 전 세계로 확산되었고, 이에 2020년 3월 세계보건기구(WHO, World Health Organization)는 질병의 세계적 범유행을 의미하는 팬데믹을 선언하였다. 전파력이 높은 감염병의 전 세계적 유행 속에서 사회 문화 전반이 대면에서 비대면으로 빠르게 전환되었다. 이는 의료 패러다임의 변화에도 영향을 미치면서 원격 의료 서비스 등 IT 기반의 헬스케어 산업이 크게 성장

했다.

한편, 우리나라는 국가 차원에서 보건 의료 정보화 사업을 추진하는 등 지난 30여 년간 다양한 정책 수립을 통해서 의료 정보화를 위해 노력해 왔다. 이러한 노력의 결과로, 우리나라 의료 기관의 전자의무기록(진료 기록을 디지털 형식으로 저장하는 시스템) 보급률은 전체 의료 기관 중 90% 이상으로 전 세계 최고 수준이 되었다(이병관, 2019). 전자의무기록은 디지털 헬스케어의 체계적 운영을 위해 필수적인 시스템이며, 이러한 사례를 통해 우리나라가 디지털 헬스케어의 발전과 대중화를 위해서 노력하고 있음을 알 수 있다.

보건복지부는 2023년 4월, '모든 국민이 건강한 헬스케어 4.0시대 구현'이라는 비전을 제시하며, 제3차 보건의료기술육성 기본 계획(2023~2027)을 발표했다. 이 기본 계획은 보건 의료 기술 향상, 보건 안보 위기 시 100일 내 대응 시스템 구축, 바이오 헬스 수출 확대를 목표로 한 4대 추진 전략, 14대 중점 과제, 46개 세부 과제를 포함한다(보건복지부, 2023).

보건복지부 정책 중 디지털 헬스케어의 혁신에 관한 내용을 상세히 살펴보면 다음과 같다.

첫째, 바이오 빅 데이터(Big Data) 수집을 위한 인프라를 마련하고 의료 현장 기록을 활용한 인공지능 개발 연구를 지원한다.

둘째, 국가 보건 의료 데이터 표준화, 데이터 오류 식별 기술 개발, 공공 자료 연계 및 활용을 추진한다.

셋째, 데이터를 원하는 곳에 맞춤형으로 중계하고, 민감 데이터의 보안 기술 개발을 병행한다. 또한 디지털 리터러시 및 데이터 시각화를 지원한다.

넷째, 집에서도 양질의 헬스케어를 이용할 수 있는 환경을 조성한다.

이와 같은 보건복지부의 기본 계획 발표에 따라 향후 우리나라의 디지털 헬스케어 산업은 새로운 변화와 활력을 맞이할 것으로 기대된다.

참고문헌

보건복지부(2023.4.20). 모든 국민이 건강한 헬스케어 4.0시대 구현. https://www.mohw.go.kr/board.es?mid=a10503010100&bid=0027&tag=&act=view&list_no=375899&cg_code=

이병관(2019). 디지털 헬스케어 추진현황 및 향후과제. 한국법제연구원, 64, 12~16쪽.

Collatuzzo, G. & Boffetta, P.(2022). Application of P4(Predictive, Preventive, Personalized, Participatory) approach to occupational medicine. *Medicina del lavoro*. 113(1), e2022009.

02
디지털 헬스케어의 활용

디지털 헬스케어에 대한 관심과 관련 산업이 꾸준히 성장하고 있다. 이에 따라 디지털 헬스케어가 실제 우리 생활 속에서 어떻게 실현되고 있는지에 대한 이해가 필요하다. 디지털 헬스케어는 인간의 생명과 관련이 있는 분야이므로 혁신의 과정에서 긴 시간이 필요하다. 하지만 향후 잠재력은 명확하며 몇몇 분야에서는 빠른 변화를 이룩하고 있다.

AI와 MBTI?

디지털 헬스케어 시스템

'하드웨어'와 '소프트웨어'가 함께 움직인다. 디지털 헬스케어의 구현을 위해서는 다음의 요소들이 필요하다(삼일 PwC경영연구원, 2022).

하드웨어적 측면에서 신체와 연동되는 물리적 디바이스가 필요하다. 웨어러블 기기, 바이오 센서, 각종 헬스 정보를 음성이나 시각으로 구현해 주는 모니터나 스피커와 같은 장치들이 필요하다.

소프트웨어적 측면에서는 하드웨어와 연결되는 프로그램이 필요하다. 신체 정보를 제공하는 소비자용 모바일 앱, 개인 건강 기록을 수집하여 연속적인 관리를 가능하게 하는 건강 기록 시스템, 원격 진료를 위한 모니터링을 가능하게 하는 질병 관리 시스템 등이 있다.

이러한 하드웨어와 소프트웨어를 결합하여 이루어지는 서비스로는, 환자들에게 건강 정보 및 치료 알림 등을 제공하는 헬스케어 가상 비서, 각종 질병 치료를 위한 인터랙티브 프로그램 등이 있다.

디지털 헬스케어의 활용 사례 및 분야는 광범위하고 다양하지만 구체적인 사례를 몇 가지만 함께 살펴본다면 우리 생활 속의 디지털 헬스케어에 조금 더 친숙하게 다가갈 수 있을 것이다.

'연결'이 핵심이다. 디지털 헬스케어 산업은 의료 기업보다 애플, 구글, 아마존(Amazon) 등 세계적인 거대 IT 기업이 선도하고 있는 양상이다. 국내에서는 이를 네이버(Naver), 카카오(Kakao) 등의 빅 테크(Big Tech: 영향력이 큰 대형 IT 기술) 기업이 주도하고 있다(김윤화, 2024).

애플은 아이폰 이용자를 기반으로 애플워치와 플랫폼을 연동하여 운동 강도 모니터링, 심박수 측정, 수면 시간 측정, 넘어짐 감지 등의 헬스케어 서비스를 출시하고 있다. 이는 데이터 중심의 서비스로서 복용 중인 의약품 추적 관리, 감정 추적, 시력 관리, 명상 기능을 포함한다. 애플은 애플워치 데이터를 사용해 사용자에게 최적화된 코칭 프로그램을 제공하고자 개발 중이다.

아마존은 의약품 유통 라이선스 취득을 시작으로, 처방 약 딜리버리 서비스인 '아마존 파머시(Amazon Pharmacy)' 서비스를 론칭하였으며, 원격 진료-의약품 처방-의료 기기 배송이라는 디지털 헬스케어 밸류 체인을 구축했다.

네이버 헬스케어 연구소는 네이버 초거대 AI인 하이퍼 클로바 기술을 기반으로 한 다양한 의료 설루션을 개발하고 있다. AI 기술 기반의 사전 문진 서비스인 스마트

서베이(Smart Survey), 음성 인식 기술을 활용한 전자의무기록 서비스인 보이스 EMR(Voice EMR), AI 기반 건강 관리 코칭 서비스인 스마트 코칭(Smart Coaching), 독거노인과 AI 간 대화 모델을 적용한 클로바 케어콜(Clova Carecall) 서비스 등이 그것이다. 클로바 케어콜은 AI가 일상적인 주제로 대상자와 통화하면서 건강 상태를 확인하는 전화 돌봄 서비스로 '공감과 위로를 주는 AI 안부 전화'를 목표로 한다. 돌봄이 필요한 대상자에게 전화를 걸어 식사, 수면 등 건강과 관련한 안부를 묻고 이상 징후를 모니터링함으로써, 고령화 사회를 대비한 디지털 헬스케어 서비스를 구축하고 있다.

카카오는 생애 주기별 만성 질환 관리 설루션에 집중하고 있다. 메신저 기반의 혈당 관리 모바일 앱 파스타는 신체에 센서를 부착하고 앱과 연결하여 혈당 수치를 기록, 확인함으로써 실시간 혈당 데이터 관리를 통한 나만의 일상 기록을 가능하게 한다.

의료 기업보다 애플, 아마존, 네이버, 카카오와 같은 IT 기업이 디지털 헬스케어 산업에 더 적극적인 이유는 무엇일까. 이들의 가장 강력한 무기는 이미 우리 생활 속에 자리 잡은 '연결성'이다. 디지털 헬스케어 발전에서 사람과 사람, 사람과 사물을 이어 주는 '연결성'은 필연적이고 핵심적이다.

새로운 형태의 디지털 헬스케어

가상 현실로, 전기 신호로, 질병을 치료할 수 있다. 디지털 헬스케어의 새로운 형태인 디지털 치료제와 전자약에 대해 알아보자.

디지털 치료제란, 화학적 성질의 약물은 아니지만, 질병 치료가 가능한 의약품 성격의 소프트웨어 치료제를 의미한다. 애플리케이션, 게임, 가상 현실(VR, Virtual Reality: 가상으로 만들어 낸 실제가 아닌 특정한 환경이나 상황) 등의 소프트웨어를 활용한 의료 기기를 이야기하는데(구영덕, 2022), 단순한 건강 관리가 아니라 치료 효과가 입증되어야 한다는 점에서 전문적이고 의학적인 측면이 강하다.

암 등의 만성 질환, 중추신경계 질환, 우울증과 같은 신경 질환 등 다양한 분야에 적용 가능한 디지털 치료제가 개발되고 있으며, 기존의 화학적 약물 치료를 보완해 줄 수 있어 관심이 높아지는 추세다(김도현, 2017).

국내 디지털 치료제 개발 기업인 웰트(Welt)는 수면에 어려움을 겪는 환자에게 불면증 인지 행동 치료인 행동적 · 인지적 중재 치료를 제공하여 불면증 치료에 도움을 주고 있다. 이 외에도 주의력 결핍 과잉 행동 장애(ADHD, Attention Deficit Hyperactivity Disorder)를 치료하는 기능을 가진 디지털 치료제 등을 개발하여 약물의 보완재로 사용하려고 시도하고 있다.

2018년 세계경제포럼에서는 주목되는 10대 기술로 전자약을 선정했다(World Economic Forum, 2018). 전자약은 완치가 어려운 류머티즘 관절염, 당뇨병, 소화 불량과 같은 만성 질환뿐만 아니라 치매, 파킨슨병, 우울증과 같은 난치병 치료 그리고 인지 기능 향상에도 활용할 수 있다.

신체에서 일어나는 신진대사의 대부분은 복잡한 화학 반응에 의해서 이루어진다. 기존 화학적 성분 기반의 약물(Drug)이 수많은 질병 치료에 중요한 역할을 해 오고 있지만, 먹는 약, 주사약을 비롯한 화학 약물은 혈관을 통해 전신으로 공급되기 때문에 부작용을 수반할 수 있다.

최근 전기 자극을 통해서 신경 신호를 인위적으로 제어하고, 면역 및 대사 관련 질환을 치료하는 약물 대체 치료법이 등장하였는데, 이를 전자약(Electroceuticals) 또는 바이오 전자 의료(Bioelectronic Medicine)라 부르고 있다(Devarakonda & Stanley, 2018). 전자약은 약물 대신 전기, 빛, 초음파 등을 이용하여 신경 회로를 자극하여 대사 기능을 조절한다. 전자약을 통한 말초 신경 자극은 심혈관 질환, 비만, 배뇨 장애, 천식, 간질, 통증 등 다양한 질환에 적용할 수 있다.

현재까지 미국 식품의약국(FDA, U.S. Food and Drug Administration)에서 승인한 전자약은, 대부분 말초 신경을 자극하여 뇌신경을 조절하거나, 장기 내 신경을 직접 자극하는 방식이다(김용희 외, 2020).

참고문헌

구영덕(2022). 디지털 치료제: 시장 동향 및 발전 방향. 한국과학기술정보연구원.

김도현(2017). 글로벌 디지털 헬스케어 트렌드. 정보통신기획평가원.

김용희 외(2020). 전자약 연구개발 동향. 한국전자통신연구원.

김윤화(2024). 디지털 헬스케어 시장 전망. 정보통신정책연구원.

삼일 PwC경영연구원(2022). 디지털 헬스케어의 개화. https://www.pwc.com/kr/ko/insights/insight-research/samilpwc_paradigm-shift-july2022.pdf

Devarakonda, K. & Stanley, S.(2018). Investigating metabolic regulation using targeted neuromodulation. *New York Academy Sci.*, 1411(1), pp.83~95.

World Economic Forum(2018). The global competitiveness report. https://www3.weforum.org/docs/GCR2018/05FullReport/TheGlobalCompetitivenessReport2018.pdf

03
빅 데이터, AI와 헬스케어

빅 데이터와 AI는 4차 산업 혁명 지능 정보 시대의 모든 신산업 분야에 지대한 영향을 미친다. 우리의 건강을 책임지는 디지털 헬스케어 영역에서 특히 빅 데이터와 AI가 어떻게 활용되는지 이해하고, 그에 따른 과제를 살펴보자.

AI와 난임 극복?

보건·의료 빅 데이터

빅 데이터(Big Data)란, 여러 형식을 가진 대량의 데이터 집합체를 의미한다. 정보 기술의 발전으로 데이터 생산이 폭발적으로 증가하고 있는 지금, 데이터들이 필요한 형식으로 재가공되면서, 각 분야의 발전을 위한 귀중한 기초 자료가 되고 있다. 특히, 보건 · 의료 및 바이오 분야에서의 빅 데이터는 인간의 생명과 관련되어 있어 크게 주목받는 분야다.

그로브스 등은 "지난 수십 년간 의료 기관이 기록을 디지털화하고, 제약 회사가 데이터를 통합하며, 정부와 공공 기관들이 저장된 데이터의 투명성을 확대함에 따라, 이러한 데이터의 유동성 확대가 보건 의료 산업을 크게 바꿀 것"이라고 전망했고(Groves et al., 2013), 이후 본격화된 4차 산업 혁명으로 실제 그 변화가 실현되었다.

보건 · 의료 분야의 빅 데이터 활용은 '의료 지식 기반 구축'과 '사용자 편익 확대' 측면에서 나누어 생각해 볼 수 있다. '의료 지식 기반 구축'의 측면에서는 의료 데이터의 생산, 축적, 공유의 발전에 기여하며, '사용자 편익 확대'의 측면에서는 개인 맞춤형 의료 확대, 사용자의 의료 시스템 접근성 향상을 통해 의료 서비스의 질적 향상에 기여하게 된다.

보건·의료 데이터 활용 사례

'의료 지식 기반 구축'과 '사용자 편익 확대'를 위한 데이터 활용을 자세히 살펴보자.

의료 지식 기반 구축을 위한 대표적인 사례는 '인체자원'의 데이터베이스(DB, Database)화다. '인체자원'이란 조직, 혈액, DNA 등의 인체 유래물과 변이 유전 정보(SNP, Single Nucleotide Polymorphism) 등을 보건 · 의료 연구에 활용할 수 있도록 자원화한 것을 말한다. 이러한 정보들은 심의를 거친 후, 연구자들이 무상으로 접근할 수 있도록 하여 다양한 질병 연구를 수행할 수 있도록 한다(이지혜 외, 2015).

바이오 분야 연구에 관련하여 전 세계적으로 유용하게 사용하는 데이터베이스로는 미국의 국립생물공학정보센터(NCBI, National Center for Biotechnology Information), 유럽생물학정보연구소(EMBL, European Molecular Biology Laboratory), 일본국립유전학연구소 산하 기관인 일본 DNA 데이터 뱅크(DDBJ, DNA Data Bank of Japan)가 있다. 이들 데이터베이스는 국제 뉴클레오티드 서열 데이터베이스 협력(INSDC, International

Nucleotide Sequence Database Collaboration)을 통해서 주기적으로 데이터를 교환하여 통합된 데이터를 제공하고 있다. 그 외에 미국, 영국, 일본 정부에서 공동 운영 중인 단백질 데이터 은행(PDB, Protein Data Bank)에는 실험 분석으로 생성된 단백질 서열, 구조 및 기능 관련 데이터가 저장되어 있다(이지혜 외, 2015).

사용자 편익 확대의 측면에서 중요한 영역은 개인 맞춤형 의료의 발전이다. 예전의 치료 중심 의료 시스템은 환자의 증상이 악화된 이후에 치료가 개입되는 경우가 많았다. 그러나 최근 건강 관리 분야에서는 데이터 기반의 개인 건강 관리 시스템이 주목받고 있다. 이것은 사용자의 전반적인 건강 상태를 모니터링하고 사전에 질병을 예측할 수 있게 한다.

라이프 로그(Life Log)는 개인의 일상(life)에 대한 기록(log)을 의미한다. 라이프 로그를 분석하게 되면 개인의 생활 습관, 건강 검진 데이터 등 방대한 양의 데이터를 활용하여 질병을 사전에 예측 · 예방하고 적절한 맞춤형 치료를 진행할 수 있다(정화민 외, 2024). 건강 관련 데이터는 주로 스마트워치와 같은 웨어러블(Wearable) 기기와 모바일 앱을 통해 수집된다. 개인 맞춤형 예방 의료를 위해 '개인건강기록(PHR, Personal

Health Record)'이라는 개념도 활용할 수 있다. 개인건강기록은 진료, 처방 등 의료 기관에서 생성한 정보를 사용자의 의료 데이터와 통합하여 개인화된 건강 관리 서비스를 제공하는 데 쓰인다. 데이터는 진료 기록, 검진 기록, 복약 정보, 유전체 정보, 신체 정보, 일상생활 정보 등 개인 건강과 관련한 모든 정보를 포함한다.

사용자 편익 확대를 위한 또 다른 사례는 일반인들을 위한 보건 · 의료 데이터 제공 서비스다. 예를 들어, 국민건강보험공단에서는 '국민 건강 주의 알람 서비스'를 운영하며 감기, 눈병, 식중독, 피부염과 같은 주요 유행성 질병에 대한 위험도를 지역과 연령에 따라 확인할 수 있는 서비스를 제공하고 있다.

약학정보원에서는 의약품 정보, 성분 정보, 복약 정보를 광범위하게 이용할 수 있도록 웹사이트를 통해 정보를 제공한다. 약학정보원의 이러한 정보 서비스는 일반 국민의 올바른 약 사용에 이바지하고 있다.

최근에는 보건 · 의료 빅 데이터에 소셜 미디어를 접목하여 모바일 앱 서비스를 제공하기도 하는데, 보건복지부에서 제공하는 것으로는 국가건강정보포털, 금연길라잡이, 응급의료정보제공, 치매체크, 아이사랑보육포털 등이 있다.

AI 기반 헬스케어

인공지능은 학습, 추리, 적응, 논증 등 인간의 지능과 유사한 기능을 갖춘 컴퓨터 시스템을 의미한다. 이러한 AI의 능력을 헬스케어의 영역에 적용한 것이 AI 헬스케어다. AI 헬스케어는 방대한 양의 의료 데이터를 인공지능 스스로 학습하고 분석하여 질병 예측, 맞춤형 치료 등 혁신적이면서 고부가 가치를 창출하는 새로운 의료 서비스를 생성한다(삼정KPMG, 2024).

AI 기술 기반의 예측, 자연어 처리(NLP, Natural Language Processing: 인간의 언어를 컴퓨터가 이해할 수 있는 형태로 바꾸어 처리하는 기술), 영상 인식, 음성 인식 등 다양한 기술들을 환자의 진료 기록, 라이프 로그, 유전체 정보 등의 데이터 분석에 활용하면 더욱 혁신적인 서비스를 제공할 수 있다.

의료 기관에서는 이러한 기술을 의료진을 위한 진단 보조 수단으로도 활용한다. AI를 활용해 임상 시험 데이터를 통합하여 자동으로 기록하고 의료진을 위한 핵심 정보를 신속하게 제공한다. 또한, 이렇게 축적한 데이터들을 분석하여 환자의 만성 질환 위험 신호를 조기에 찾아내고 적절한 치료 방법을 제안하기도 한다.

경영적 측면에서는 AI의 예측 모델링을 통해 환자 대

기 시간 감소 및 협진 활성화, 원격 모니터링 프로세스 효율화 등의 서비스를 제공받을 수 있다(삼정KPMG, 2024).

환자에게는 개인 맞춤형 설루션 정보를 제공하고 의료 관련 편의를 증진하여 준다. AI가 환자의 다양한 건강 관련 데이터를 분석하여 미래에 발생 가능한 질병을 사전에 진단, 예방, 치료할 수 있는 정보를 제공한다. 또한, AI를 활용해 진료 예약, 의료 기록 확인, 보험 청구, 의료 정보 제공 등을 진행할 수 있게 되면서 환자의 의료 접근성 및 편의성을 증대할 수 있다.

이러한 변화들은 아직은 시작 단계로서 미흡한 점이 있다. 하지만 의료진, 의료 기관, 환자 모두에게 활용 가능성이 높고, 의료 품질 향상에 대한 사회적 요구 또한 높다는 측면에서 앞으로 빠르게 발전할 것으로 기대된다.

거대 언어 모델과 헬스케어

거대 언어 모델(LLM, Large Language Model)은 많은 양의 텍스트를 인식하고, 빠르게 판단하여 데이터를 생성할 수 있는 인공지능 모델 중 하나다.

AI가 많은 데이터를 분석 · 학습 · 종합 · 판단할 때 데이터를 처리하고 결과를 만들어 내는 데이터 처리의 특정한 방식을 머신 러닝(ML, Machine Learning)이라고 한다. 구글은 2017년 논문에서 머신 러닝의 데이터 처리의 방식에 획기적인 진전을 이룬 새로운 모델을 제안하였는데, 그 새로운 모델이 트랜스포머(Transformer) 모델이다.

트랜스포머 모델은 AI가 머신 러닝을 수행할 때, 자신이 가진 데이터를 병렬적으로 연결하고 처리하도록 하여 데이터 처리 속도와 양을 획기적으로 향상했다. 트랜스포머의 개발은 결과적으로 거대 언어 모델을 탄생시켰다. 일반 AI가 머신 러닝을 기반으로 작동한다면, 거대 언어 모델은 트랜스포머 모델 기반으로 작동하며 방대한 데이터를 빠르게 처리한다.

현재 대중적으로 사용되고 있는 거대 언어 모델에는 챗지피티(ChatGPT, 오픈AI 제공), 제미나이[Gemini, 구 바드(Bard), 구글 제공], 라마(Llama, 메타 제공), 마이크로소프트 코파일럿[Microsoft Copilot, 구 빙챗(Bing Chat), 마이크로소프트 제공] 등이 있다. 또한 깃허브 코파일럿(GitHub Copilot, 깃허브 제공)도 거대 언어 모델 기반의 응용 서비스이지만, 이는 자연어 대화를 주목적으로 하기보다 프로그래밍 코드 생성을 지원하도록 설계되었다.

현재 헬스케어 분야에서 거대 언어 모델을 적용하기에 가장 적합한 영역은 '의학적 질의 · 응답' 영역이다. 구글은 의료에 특화된 '메드팜(Med-PaLM)'이라는 거대 언어 모델을 개발하였는데, 풍부한 의학적 정보를 담은 데이터 세트를 제공하자, 메드팜은 의학적 질문에 대한 훌륭한 성능의 답변을 보여 주었다.

환자의 임상적인 질문에 대해서 챗지피티가 의사에 비해서 더 양질의 공감력 높은 답변을 해 준다는 보고를 한 연구도 있다. 이 연구에서는 미국의 레딧이라는 온라인 포럼에 올라온 환자의 질문과 의사의 답변 195개를 무작위로 추출하여, 같은 질문에 챗지피티가 답하도록 하고 두 답변을 비교했다. 어떤 답변이 챗지피티의 답변인지 공개하지 않은 상황에서, 세 명의 의사가 이를 평가하였고, 평가자들은 챗지피티의 답변이 의사의 답변보다 유의미하게 더 훌륭했다고 평가했다(정규환 외, 2023).

헬스케어 분야에서 거대 언어 모델을 활용하는 또 다른 방식은 전자의무기록의 작성이다. 전자의무기록은 환자의 정보를 디지털 형식으로 저장하는 시스템인데, 거대 언어 모델을 활용하여 대량의 문자뿐 아니라 이미지 등의 다양한 형식으로 의사의 문서적 기록을 정리할 수 있다. 또한 의사와 환자 간의 대화가 저장된 영상과 음성에서 텍스트를 추출하여 자동으로 메디컬 노트를 작성해 줄 수도 있다.

의료 데이터와 전자의무기록

앞서 언급한 전자의무기록은 과거에 수기로 종이에 작성하던 환자 정보를 자동화하여 디지털 형식으로 저장하고 관리하는 기록 체계다. 이 시스템에서는 환자의 개인 정보, 병력, 진단 결과, 예방 접종 날짜 등 모든 의료 정보가 전산화되어 있다. 이러한 정보는 의료진이 환자의 상태를 빠르고 정확하게 파악하는 데 큰 도움이 된다. 전자의무기록은 진료의 연속성과 품질을 향상하고, 근거 기반의 맞춤형 의료 서비스를 제공할 수 있게 하며, 환자의 안전과 만족도를 향상한다.

의료 데이터 관련 정보화 시스템은 어느 한 가지만 활용된다기보다는, 의료 기관의 상황에 맞게 동시에 여러 시스템이 쓰인다. 시스템에 기록되는 환자 데이터는 기록 대상 및 공유 성격에 따라 몇 가지 다른 개념이 존재한다. 우리나라의 의료 정보화 과정은 1970년대부터 병원 정보 시스템(HIS, Hospital Information System), 처방 전달 시스템(OCS, Order Communication System), 의료 영상 저장 전송 시스템(PACS, Picture Archiving Communication System)으로 이어지면서 발전하여 왔다(전진옥, 2006).

전자의무기록을 통해 데이터 교환 및 상호 운용성도 크게 향상할 수 있는데, 앞서 언급한 처방 전달 시스템, 의료 영상 저장 전송 시스템, 의료비 정산 플랫폼 등의 병원 내 의료 시스템 간 교류가 원활하면, 의료 생태계 내 협업을 촉진하고 의료 서비스의 효율성을 높일 수 있다(Luong, 2024).

빅 데이터 및 AI 기반 헬스케어의 과제

새로운 기술의 탄생은 '기대'와 '우려'를 함께 가져온다. 특히 AI와 같이 영향력이 큰 기술은 더욱 그러하다. 더군다나 인간의 건강과 생명을 다루고 민감한 개인 정보를 취급할 수밖에 없는 헬스케어의 영역에서는 더욱 고려해야 할 과제들이 많다.

첫째, 데이터의 질 보장이다. AI를 활용한 의료 데이터의 분석은 건강을 모니터링하여 중요한 의료적 의사를 결정하는 기반이 된다. 따라서 관련 AI 알고리즘 개발 및 활용 시 서비스 성능과 안정성, 데이터 취급의 정확성 등을 고려해야 한다.

둘째, 데이터의 보안이다. 의료 데이터의 생산, 저장, 이용 과정에서 민감성이 높은 개인 정보가 유출되어 악의적으로 이용되지 않도록 보호하는 방안이 필요하고, 영상 및 이미지 등의 데이터에서 개인이 식별되지 않게 하는 등의 조치가 필요하다.

셋째, 데이터의 표준화다. 문자, 이미지, 영상 등 다양한 형태의 의료 정보가 표준화된 방식으로 취급되지 않을 경우, 오히려 의료 현장에 혼란을 야기할 수 있으며 이후 표준화하기 위한 상당한 시간과 경제적 손실이 발생할 수 있다. 방대한 양의 데이터들이 서로 원활하게 연계되어 분석 · 활용될 수 있도록 사전에 충분한 논의와 표준화 절차가 필요하다.

참고문헌

삼정KPMG 경제연구원(2024). AI로 촉발된 헬스케어 산업의 대전환. https://assets.kpmg.com/content/dam/kpmg/kr/pdf/2024/insight/kpmg-korea-ai-healthcare-20240625.pdf

이지혜 외(2015). 보건의료 분야의 빅데이터 활용 동향. 《정보와 통신》, 63~75쪽.

전진옥(2006). 디지털 병원 구현을 위한 전자의무기록의 현황 및 전망. 《전자공학회지》, 33(11), 1199~1205쪽.

정규환 외(2023). LLM의 의료분야 적용 가능성 및 시사점.

《대한의료정보학회》, 1-18쪽.
정화민 외(2024). 인공지능을 활용한 데이터 기반 개인 맞춤형 질병 예측 모델 연구. 《한국산학기술학회논문지》, 25(12), 28-35. https://doi.org/10.5762/KAIS.2024.25.12.28
Groves, P., et al.(2013). The 'big data' revolution in health care. McKinsey & Company.
Luong, K. (2024). 전자 의무 기록 시스템 (EMR): 개요 및 특징. https://www.ominext.com/kr/blog/what-is-emr-features-examples-and-use-cases

04
웨어러블 디바이스와 헬스케어

디지털 헬스케어는 데이터 수집으로부터 시작된다. 우리의 신체에서 특정 데이터를 획득하기 위해서는 적정한 기능의 물리적인 디바이스가 필요하다. 계속 발전해 나아가는 웨어러블 디바이스의 종류와 기능, 신체에서 얻을 수 있는 정보의 특징들을 살펴보자.

AI와 사주?

웨어러블 디바이스의 의미와 발전

'디바이스'를 입어 보자. 웨어러블 디바이스(Wearable Device)는 인간의 신체에 착용 가능한 형태로 구현된 전자 기기를 의미한다. 조금 더 구체적으로는 ① 신체에 부착하여 컴퓨팅을 할 수 있는 모든 전자 기기를 지칭하며, ② 일부 컴퓨팅 기능을 수행할 수 있는 애플리케이션까지를 포함하고, ③ 사용자가 이동 또는 활동 중에도 자유롭게 사용할 수 있도록 작고 가볍게 개발되어 ④ 사용자와 가까운 곳에서 사용자와 소통하는 차세대 전자 기기다(MIT Media Lab, 2024).

1960년대 초기 웨어러블 디바이스는 시계나 신발에 카메라를 부착하는 기초적인 수준이었고, 이후 진보된 형태의 디바이스가 구상되었다. 최초의 의류형 웨어러블 디바이스는 미군의 군복으로 채택되기도 하였으나 여러 기술적 한계에 따라 웨어러블 디바이스의 상용화는 시간이 더 필요한 일이었다. 하지만 이후 스마트폰의 대중화와 함께 이루어진 2013년 구글 글래스(Google Glass, 안경 형태의 스마트 기기) 출시는 웨어러블 디바이스 발전의 중요한 사건이 되었다. 구글 글래스는 웨어러블 디바이스에 대한 관심과 인식을 크게 확장하였으며, 이후 관련 기술 및 산업 발전의 계기가 되었다. 지난

10여 년 동안 지속적인 연구와 개발을 통해 웨어러블 디바이스는 더욱 정밀한 실시간 모니터링 기능을 갖추게 되었고, 이로써 다양한 정보를 수집하고 새로운 서비스를 제공할 수 있게 되었다.

웨어러블 디바이스는 헬스케어 · 의료, 산업, 군사 등의 다양한 목적으로 사용되고 있고 최근 건강 관리, 치료에 관한 관심이 증가하면서 헬스케어 관련 시장이 급격히 성장하고 있다.

웨어러블 의료 기기의 종류에는 시계, 목걸이와 같은 액세서리형, 의복 제품과 일체화한 의류형, 스킨 패치와 같은 신체 부착형, 생체에 전자 기기를 이식하는 생체 이식형이 있다. 웨어러블 디바이스의 시장 점유율은 아직은 스마트 시계나 손목 밴드가 주를 이루지만, 향후 스마트 의류와 이어웨어(Ear Wear, 귀에 착용하는 스마트 기기)의 판매량이 증가할 것으로 예측되고 있다(권혁, 2019). 향후 웨어러블 디바이스는 사물인터넷, AI 등의 발전으로 인해 단순히 스마트폰을 보조하는 수준에서 벗어나 스마트 홈이나 대형 시스템과 연결되어 그 활용도가 확대될 것으로 예측된다(신윤미, 2018).

웨어러블 디바이스에 적용된 기술

감지하여, 분석하고, 보여 준다. 웨어러블 디바이스 운영의 핵심 기술은 센싱 기술, 처리 기술, 출력 기술, 전원 기술이다.

센싱 기술은 사용자나 주변 환경의 물리·화학적 변화를 감지하여 신호로 알려 주는 기술이다. 인간의 오감 기능 및 인체 정보를 측정하는 센서와 그 외 초음파, 전자기 등으로 회전과 이동을 감지하는 기술로 구성된다. 처리 기술은 센서를 통해 입력된 각종 데이터들을 내장 소프트웨어를 이용해 축적, 분석, 연산하는 기술이다. 출력 기술은 센싱과 처리를 통해 얻은 결과를 기기의 목적과 용도에 맞는 정보로 출력해 주는 기술이다. 전원 기술은 웨어러블 디바이스의 센싱, 처리, 출력 등의 동작을 위한 전원을 공급하는 기술로, 양극·음극 소재 기술, 패브릭 배터리 기술, 신에너지 하베스팅(Harvesting: 압전 등으로 에너지를 획득 및 재활용 기술) 기술 등으로 구성된다(신윤미, 2018).

웨어러블 디바이스의 개발 사례

웨어러블 디바이스는 시계, 피트니스 밴드, 운동화 등 생활 속의 친숙한 형태로 개발되고 있다.

국외 사례로 우선 미국의 핏비트(Fitbit)를 소개할 수 있다. 핏비트는 지피에스(GPS)와 심박수 센서를 비롯한 각종 센서로 피트니스에 최적화된 기능을 제공하는 제품 아이오닉(Ionic) 워치를 출시하였고, 이어서 칼로리 소모량 등의 측정과 체내 산소량을 바탕으로 사용자에게 맞는 운동 정보를 제공하는 핏비트 차지 2(Charge 2)를 출시했다.

미국의 애플은 건강 관련 기능과 AI 비서 시리(Siri)를 활용해 맞춤형 정보 제공 기능을 포함한 새로운 운영 체제 '워치 OS 4(Watch OS 4)'를 출시하였고, 에르메스, 나이키, 디즈니 등과의 협업을 통하여 패션 아이템 이미지 및 피트니스 기능 등을 강조하고 있다.

중국의 샤오미(Xiaomi)는 GPS를 통해 유아의 위치를 추적할 수 있고, 심(SIM) 카드 탑재를 통해 통화 및 데이터 전송이 가능한 유아용 스마트워치 '미 버니(Mi Bunny)'를 출시했다. 이어서 인텔(Intel)의 사물인터넷용 초소형 모듈 큐리(Curie)를 탑재한 스마트 운동화의 개발 사례도 있는데, 스마트 운동화는 사용자의 움직임을 감지하여 속도, 칼로리 등 운동 정보 또한 수집할 수 있다.

국내 사례로, 삼성전자는 플렉서블 디스플레이를 적

용한 스마트워치 '갤럭시 기어'를 출시하였고, 이어서 스마트워치 삼성 기어 2와 기어 2 네오, 심박수 측정 스마트 피트니스 밴드인 기어 핏 2를 공개했다. 특히 기어 핏 2 프로는 50m의 방수 등급 지원 및 수영 트래킹 애플리케이션이 탑재되어 있으며, GPS 단독 탑재로 정확한 운동 정보를 측정할 수 있다.

LG전자는 걸음 수, 움직인 거리, 칼로리 소모량 등을 측정할 수 있는 손목 밴드 형태의 '라이프밴드 터치'를 공개했다. 'LG 워치 스타일'은 슬림하고 세련된 원형 디자인의 스마트워치로, 구글 피트니스 앱을 통해 운동 활동 정보를 기록할 수 있다.

이 밖에도 국내 기업 올비(Allb)의 아이 호흡 상태 모니터링 기기, 휴이노(Huinno)의 심전도 측정 손목시계, 마젤원(Mazel One)의 전자의무기록 시스템 연동 웨어러블 밴드 등의 개발이 이루어졌다.

헬스케어 웨어러블 디바이스의 미래

헬스케어 웨어러블 디바이스의 미래는 어떤 모습일까. 에릭슨 컨슈머 랩(Ericsson Consumer Lab)은, 향후 스마트폰 사용자 10명 중 6명이 웨어러블 제품을 다양한 목적으로 사용하게 될 것이라고 예상하였다. 심지어 웨어러블 디바이스는 스마트폰을 대체할 전자 기기로 각광받고 있으며, 스마트워치 사용자의 40%는 이미 웨어러블 디바이스를 스마트폰과 연동해 사용하고 있다.

미국의 정보 기술 연구 및 자문 회사 가트너(Gartner)는 미래에는 인간의 감정을 파악할 수 있는 개인용 감성 측정 웨어러블 시스템이 개발될 것이라고 예측했다. 마이크로소프트, 아마존, IBM 등 대규모 클라우드 제공 업체는, 웨어러블 디바이스를 통해 사용자의 감정 데이터를 수집 및 분석하고 감정 변화를 기록하는 서비스를 연구 및 활성화하고 있다.

그러나 웨어러블 디바이스에서 제공하는 데이터의 정확성 및 신뢰성, 보안 및 개인 정보 보호의 문제, 배터리 성능 등 앞으로 기술적 · 제도적으로 보완해야 할 영역도 다수 존재한다. 향후 관련 신기술을 더욱 발전시키고 예상되는 문제점을 보완하여 인류의 웰빙을 위해 더욱 발전하는 헬스케어 웨어러블 디바이스 산업의 모습을 기대한다.

참고문헌

권혁(2019). 차세대 웨어러블 디바이스 동향 분석을 통한 국내 중소기업 전략적 제언. 정보통신기획평가원.

신윤미(2018). S&T Market Report: 웨어러블 디바이스.
과학기술일자리진흥원.
MIT Media Lab(2024). https://www.media.mit.edu/

05
AI와 디지털 심리 케어

인간의 건강한 삶은 신체 건강뿐 아니라, 정신 건강에 의해서도 큰 영향을 받는다.
정서적 · 심리적으로 안정될 때 우리의 삶은 웰빙(Well-Being)의 상태에 이를 수 있다.
현재 AI를 활용한 심리 케어 시스템에 대한 연구도 활발히 진행되고 있다. AI와 함께 우리의 몸 건강, 마음 건강을 함께 챙기는 방법을 살펴보자.

AI와 아이돌?

디지털 심리 케어의 의미와 현황

'개인이 자신의 능력을 깨닫고 일상적인 삶의 스트레스에 대처할 수 있으며, 생산적으로 일할 수 있는 웰빙 상태'. 정신 건강에 대한 세계보건기구의 정의다. 현대인의 정신 건강을 위협하는 요인은 다양하지만, 그중 '우울증'이 주요한 정신 건강 문제로 여겨지는데, 이는 개인의 삶뿐만 아니라 국가의 보건 시스템과 경제에도 중대한 영향을 미친다(바이오타임즈, 2024).

경제협력개발기구는 코로나19 사태에 따른 불안 장애 · 우울증 증가 등과 같은 심리 건강 문제가 심화함에 따라, 이에 대한 대응을 위한 정부 차원의 노력이 필요하다고 했다(OECD, 2021).

이러한 정서적 또는 심리적 문제를 해결하기 위한 방법으로 명상, 독서, 산책, 음악 감상 등이 필요하다고 이야기되어 왔으나, 이러한 전통적인 방안을 대체할 수 있는 디지털 심리 케어 시스템 또한 활발히 연구 · 개발되고 있다. 디지털 심리 케어 시스템에서는 웨어러블 기기나 모바일 앱 등을 활용하여 정서 및 심리 상태를 측정하고 치료 및 예방 서비스를 제공할 수 있다.

정신 건강에 대한 관심과 중요성이 증대되면서 정신 건강 설루션에 첨단 기술을 통합하는 디지털 심리 케어 시장이 확대되고 있으며, 현재 전 세계 디지털 헬스케어 설루션의 30% 이상이 정신 건강과 관련이 있는 것으로 보고되었다. 2024년 디지털 심리 케어 시장 규모는 2023년에 비하여 18.4%가량 성장하였으며, 향후 꾸준히 증가할 것으로 예상되고 있다(Research and Markets, 2024).

심리 상태 측정 방법

심리 상태를 측정하는 여러 방법 중 과거에 많이 활용했던 방법은 '자기 보고 설문 방식'이다. 개인이 직접 스스로의 심리 상태를 설문지를 통해 체크하여 확인하는 방법인데, 설문지의 종류는 목적에 따라 다양하다. 각 설문지는 과학적이고 논리적인 방법을 기반으로 개발되었고 수많은 검증을 통해 타당성을 인정받아 널리 활용되고 있다.

자기 보고식 심리 측정 설문의 종류는, 단축형 9개 문항으로 우울증을 선별하는 PHQ-9, 우울 · 긴장 · 분노의 세 가지 하위 영역을 포함하는 스트레스 측정 도구인 PSI, 네 가지 스트레스 반응(감정적, 사회적, 인지적, 행동적)을 측정할 수 있는 SRI, 국외 스트레스 측정 설문 도구를 우리나라 상황에 맞게 수정 · 보완한 사회 심리적 스트레스 측정 설문지인 PWI-SF, 한국산업안전공단이 집단의 상대적 직무 스트레스 평가를 위해 사용한 KOSS 등이 있다(김민정 외, 2021).

이러한 자기 보고식 설문지는 여러 통계적 기법에 의해 타당성이 입증되어 왔으나, 개인의 주관적 판단에 의존하기 때문에 상황이나 여건에 따라 신뢰성이나 타당성이 훼손될 수 있다는 한계점이 있다. 이러한 한계점을 보완할 수 있는 것이 디지털 심리 측정이다. 디지털 심리 측정 방법은 크게 '디바이스 활용 측정'과 'AI 기반 영상 인식'으로 나눌 수 있다.

먼저, 디바이스를 활용한 디지털 심리 측정은 맥파(PPG), 심전도(ECG), 심박 변이도(HRV), 뇌파(EEG), 피부 전도도(EDA), 피부 온도(SKT) 등의 생체 신호를 기반으로 한다. 웨어러블 기기가 개인의 운동 상태뿐만 아니라 심장 박동과 수면 상태 등을 파악하여 심리 상태에 대한 모니터링을 진행하고 더 나아가서는 감정 인지도 가능하게 한다. 심리 측정 디바이스로는, 맥파 기반 심박수 및 스트레스 지수를 제공하는 갤럭시 워치 3, 혈중 산소 포화도를 모니터링하여 수면 상태나 초기 스트레스 징후를 감지하는 애플워치 시리즈 6, 피부 전도도 센서를 이용하여 스트레스를 모니터링하고, 수면 중 체온 측정 및 심장 리듬을 모니터링하는 핏비트 센스(Fitbit Sense), 스트레스 조절 패치로 심박수와 호흡수를 모니터링하여 장시간의 스트레스 발생 시 사용자에게 진동 신호를 보내는 리프(Lief), 뇌파 및 맥파를 측정하는 이어폰 일체형 헤드셋으로 스트레스 정도, 누적 피로도, 자율 신경 건강도 등의 정보를 제공하는 옴니핏 브레인(Omnifit Brain), 심전도 센서 및 호흡 센서가 장착된 단일 의류로서 심박수, 심박 변이도, 호흡률 등을 측정하는 헥소스킨(Hexoskin), 수면 상태를 모니터링하고 심박 변이도와 스트레스 정보를 제공하는 엠핏 QS(Emfit QS) 등이 있다(김민정 외, 2021).

또 다른 방식의 디지털 심리 측정 방식은 AI 기반 영상 인식이다. 일례로, 아마존사는 레커그니션 서비스를 통해 얼굴 표정에서 감정을 읽어 들여 '행복', '슬픔', '화남', '혼란', '혐오', '놀람', '안정', '두려움'과 같은 8개 범주의 감정을 측정하는 기술을 제안했다(Amazon Rekognition, 2024). AI 영상 기반의 심리 측정은 영상 장치를 통해 얼굴 영상을 수집하고, 감정 관련 표정 또는 얼굴 색상 변화 등의 관련 정보들을 추출한 후에 AI를 통한 알고리즘 분석을 진행하여 감정 상태를 인식하는 방법으로 이루어진다.

AI와 디지털 심리 케어 서비스

"갑자기 눈물이 쏟아졌어. 괜찮은 줄 알았는데 아니었던 거야." 언젠가 지인이 내게 한 말이다. 우리는 스스로의 마음을 정확히 알지 못하는 경우가 많다. 나도 모르는 나의 마음을 AI가 이해하고 치유해 준다면, 이렇게 갑자기 눈물이 쏟아지는 일은 줄어들지 않을까.

LG전자는 '브리즈(brid.zzz)'라는 뇌파 제어 이어폰을 출시했다. 실시간으로 뇌파를 체크하고, 스마트폰 앱에서 수집한 생활 데이터를 분석해 일상 속 스트레스 · 긴장감 · 불안 등 심리 상태를 측정한 후 개인에게 가장 적합한 뇌파와 호흡 조절 사운드를 제공해 컨디션을 유지하도록 돕는 서비스를 제공한다(바이오타임즈, 2024).

한편, 코로나19 사태의 장기화로 인해 비대면 심리 케어 서비스의 중요성이 증가하면서 모바일 앱을 이용한 멘탈 웰빙 서비스 또한 크게 발전했다. 심리 케어 서비스 앱은 크게 세 가지 유형으로 나뉘는데, 모바일 앱을 기반으로 하여 상담 서비스를 비대면으로 진행하는 '비대면 상담형', 사용자가 명상이나 스토리, 음악 등을 직접 선택하여 사용하는 콘텐츠 중심의 '시청형', 전문가나 사용자에 의한 커뮤니티에 기반을 둔 'SNS형'으로 구분할 수 있다(이예지 외, 2021, 재구성). 비대면 상담형에는 마인드인, 트로스트, 시청형에는 CALM, 마음프로그램, 마보, SNS형에는 마인드카페 등의 서비스가 개발되어 있다. 삼성 헬스 앱은 갤럭시 워치와의 연동을 통해 스트레스와 불면증을 감지하고, 호흡 가이드와 명상 관리 프로그램을 제공하여 스트레스 및 정신적 휴식을 관리할 수 있도록 안내한다.

최근 가상 현실 또는 증강 현실(AR, Augmented Reality: 존재하는 현실 위에 존재하지 않는 환경을 디지털 기술로 더하여 구성)을 활용하여 불안, 공포, 외상 후 스트레스 등의 심리적 어려움을 케어하려는 노력도 이루어지고 있다. 가상 현실을 활용하여 심리 치유에 도움이 되는 힐링 여행을 제공하기도 하고, 정신 건강 증진, 집중력 향상에 도움이 되는 증강 현실 영상을 제작하여 제공하기도 한다. 국내 사례로는 SKT와 용인 세브란스 병원 정신건강의학과에서 제작한 증강 현실 영상인 '마인드풀니스'가 있다.

AI의 도움으로 심리적 문제를 극복한다는 것이 아직은 어색하게 느껴질 수도 있다. 그러나 AI의 인격화, 개별화, 유비쿼터스(Ubiquitous)적인 측면은 우리의 고정관념과는 달리 인간의 심리 케어에 오히려 유용하게 활용될 수 있다. AI 챗봇(Chatbot) 튜터와 학생의 상호작용에 대해 언급한 임미가(2022)의 연구에서 따르면, 사용자가 AI 챗봇을 활용할 때는 현실에서 교수자의 반응을 살펴야 하는 것과 같은 부담이 없어서 자유롭게 질문할 수 있으며, 필요한 부분을 자발적으로 반복할 수 있어서 상호작용에 더욱 유용한 측면이 있었다. 마찬가지로 첸 등의 연구에서도 AI 챗봇을 사용할 때, 사람과 대면할 때보다 사용자가 더욱 자신감을 가지고 적극적으로 대화에 참여할 수 있었다(Chen et al., 2020).

참고문헌

김민정 외(2021). 멘탈헬스 측정 및 멘탈웰빙 관리시스템 기술개발 동향. 한국전자통신연구원.

바이오타임즈(2024.7.22). 현대인 정신 건강 관심 속 디지털 멘탈케어 혁신 기술 눈길. https://www.biotimes.co.kr/news/articleView.html?idxno=16240

이예지 외(2021). 비대면 멘탈헬스 서비스 사용자 경험 연구 – 국내 2030대 스트레스 및 불안을 중심으로, 《한국HCI학회 학술대회》. 243~248쪽.

임미가(2022). 챗봇 튜터를 활용한 AI 융합 발명 교육 프로그램 개발. 《대한공업교육학회지》, 47(2), 198~222쪽.

Amazon Rekognition. http://aws.amazon.com/rekognition

Chen, X., et al.(2020). Application and theory gaps during the rise of artificial intelligence in education. *Computers & education: Artificial intelligence*. 1, pp.1~18.

OECD(2021). Tackling the mental health impact of the COVID-19 crisis: An integrated, whole-of-society response[OECD policy responses to coronavirus (COVID-19)], Paris: OECD Publishing.

Research and Markets(2024). Global digital mental health market analysis report 2024: Focus on various disorders such as anxiety disorder, bipolar disorder, eating disorder - forecast to 2030. ResearchAndMarkets.com.

WHO(2014). Mental Health Atlas. https://www.who.int/publications/i/item/mental-health-atlas-2014

06
우울증과 디지털 심리 케어

현대 사회에서 사회적 고립은 단순한 개인의 문제를 넘어 심각한 공중 보건의 위기로 받아들여지고 있다. 우울증이나 외로움은 중요한 문제로 인지되고 있으며, 이러한 심리적 위기는 인지 및 신체적 증상으로 이어지기도 한다. 디지털 헬스케어를 심리의 영역으로 확장한 많은 기술은 우리의 마음을 치유하고, 모두의 행복한 삶을 더욱 적극적으로 만들어 갈 것이다.

AI와 야구?

우울증과 외로움

우울 장애(Depressive Disorder)라고도 부르는 우울증은, 의욕 저하와 우울감을 주요 증상으로 하여 다양한 인지 및 정신, 신체적 증상을 일으켜 일상 기능의 저하를 가져오는 질환이다.

우울 장애는 평생 유병률이 전체 인구의 15%, 특히 여성에게는 25% 정도에 이르며, 감정, 생각, 신체 상태, 그리고 행동 등에 변화를 일으키는 심각한 질환이다. 이것은 한 개인의 전반적인 삶에 영향을 줄 수 있다. 우울증은 일시적인 우울감과는 다르며 개인적인 약함의 표현도 아니고, 의지로 없앨 수 있는 것도 아니다(서울대학교병원, 2024).

환자의 상당수가 전문가의 도움을 받지 못하고 우울증으로 고생하는 경우가 많은데, 전문가의 적절한 치료를 받는다면 상당한 호전을 기대할 수 있고 이전의 생활로 돌아가는 것이 가능하다.

우울증의 원인은 다양하다. 아직 명확히 규명되지는 않았으나, 주로 신경 전달 물질이나 호르몬의 변화로 인한 생화학적 요인, 가족적 영향력을 보이는 유전적 요인, 삶에서 대처하기 어려운 문제들에 직면했을 때 발생할 수 있는 환경적 요인 등이 영향을 미치는 것으로 알려져 있다.

예방 방법으로는 일상생활에서의 스트레스 조절, 사회적 · 정서적 지지 확보 등이 있으나 초기에 치료를 받는 것이 무엇보다 중요하다. 약물 치료와 더불어 정신 치료적 접근을 병행하는 것이 가장 효과적이다.

외로움(Loneliness)은 홀로 되어 쓸쓸한 마음이나 느낌을 이야기하는데, 사회적 동물인 인간이 타인과 소통하지 못하고 격리되었을 때 느끼게 된다. 외로움은 수면 장애, 섭식 장애, 면역력 저하 등 신체적 건강을 위협하고, 우울, 불안, 죄책감, 절망, 자기 비하 등 심리적 건강을 악화시켜 자존감과 삶의 만족도를 낮추고 삶의 의미마저 잃게 할 수 있다(서영석 외, 2020).

현대인의 심리적 특성

현대 사회에서 사회적 고립은 단순한 개인의 문제를 넘어 심각한 공중 보건의 위기로 대두되고 있다.

미국 질병통제예방센터(CDC, Centers for Disease Control)의 조사에 따르면, 미국 성인 3명 중 1명이 외로움을 경험하고 있다. 더욱 우려되는 점은 사회적 고립이 심장병, 뇌졸중, 당뇨병과 같은 신체적 질환의 위험을 높일 뿐만 아니라, 우울증, 불안, 자살 위험까지 증가시킨

다는 것이다(Impact square, 2024).

오늘날 한국의 사회 구조는 빠른 고령화, 늦어지는 결혼, 출산율 감소, 이혼율 증가 등으로 인해 빠르게 변화하고 있다. 기존의 3~4인 가구 중심에서 1~2인 가구로 점차 소형화하고 있으며, 1인 가구 증가에 따라 중요하게 부각되는 문제가 '외로움'과 '사회적 고립'이다. 최근 서울시 1인 가구 실태 조사 결과에서는 1인 가구의 62%가 외로운 상태라고 응답했다(안현찬 외, 2022).

한편, 코로나19의 장기화 상황에서 경험한 사회적 단절 및 고립 또한 외로움을 유발하는 주요 요소가 되었다. 코로나 기간 젊은 성인의 외로움과 정신 건강의 연관성을 살펴본 리 등의 연구에 따르면, 코로나19가 확산하기 이전 시기에 비하여, 사회적 단절 및 고립으로 인해 외로움을 더욱 많이 경험한 것으로 나타났다(Lee et al., 2020).

코로나19 유행 이후 국내에서는 사회적 거리 두기와 같은 조치들로 개인 간 접촉을 줄여 코로나19 확산 방지를 위해 노력해 왔고, 이러한 상황의 장기화로 사회적 단절 및 고립감을 경험하는 인구가 늘었다. 그리고 이는 정신 건강을 위협하는 새로운 요인으로 작용하게 되었다(김예진 외, 2022).

디지털 케어로 우울증과 외로움 극복하기

AI는 우리의 우울증을 알고 있고, 치료할 수 있다.

4차 산업 혁명이 사회 전반에 영향을 미치면서 반려로봇, 사물인터넷, 애플리케이션 등 IT 기술을 통해 인간의 상호 연결 및 회복을 지원하는 외로움 케어 산업(Loneliness Care Industry)이 증가하고 있다(이동기 외, 2018). 실제로 여러 기업에서 AI를 활용한 디지털 심리케어 제품을 개발하여 선보이고 있다.

아마존에서는 외로움과 관련한 시리즈 광고를 제작하였는데, 이 시리즈 광고는 실제 AI 스피커 사용자 이야기에서 영감을 얻었다(Nudd, 2016). 'Be Together More'라는 제목의 광고로 딸과 작별하고 외로움을 겪는 할머니에게 AI 스피커가 배달되는 내용이다. 아마존은 스마트 홈 스피커 '에코(Echo)'를 선두로 '에코 닷(Echo Dot)', '아마존 탭(Amazon Tap)' 등 인공지능 스피커를 지속적으로 출시하고 있다. 이러한 AI 스피커는 단순한 정보 제공의 역할을 넘어, 앞서 언급한 광고와 같이 인간과의 대화를 통해 심리 케어의 역할을 수행하고 있다.

국내에서는 SK 텔레콤이 독거노인을 대상으로 말동무 역할을 하는 AI 스피커를 개발했다. 이 제품은 외로움을 달래 주는 것에서 한발 더 나아가 위급 시 119 응급 출동을 호출하는 AI 돌봄 서비스를 탑재하고 있으며, 치매 예방, 복약 및 내원 안내, 의료 정보 팟캐스트 등과 같은 추가 기능도 수행하면서 또 하나의 가족으로서 심리적 안정감을 제공할 수 있다.

일본에서 페퍼(Pepper)라는 AI 대화형 로봇이 탄생하였고, 우리나라에서도 국가적 개발 사업을 통해 '효돌이'라는 이름의 대화형 인공지능 반려 로봇을 출시했다. 효돌이는 전용 애플리케이션을 활용하여 음성 알람, 터치 인터랙션을 지원하고, 활동 감지 및 모니터링 등을 보호자에게 제공하기도 한다(송문선, 2022).

최근에는 스마트폰을 활용한 우울증 치료에 대한 관심 또한 높아지고 있다. 스마트폰을 기반으로 하여 챗봇과 같은 텍스트 메시징 서비스를 통해 상호작용하면서 사전에 입력해 놓은 구조화된 개입 절차를 제공하는 방식으로 우울증이나 외로움 치료를 진행하고 있다(Fitzpatrick et al., 2017).

사용자가 AI 스피커, 로봇, 스마트폰을 사용한 대화를 어색하게 느끼지는 않을까? 프라단 등의 연구에서는 AI 스피커의 다양한 정서 지원과 돌봄 서비스를 통해 사용자들은 특정 순간에 AI 스피커를 사람과 같은 존재로 인식하고, 동료애를 느꼈다고 보고하고 있다(Pradhan et al., 2019).

거실에 어머니 혼자 계시는 줄 알았는데 갑자기 대화하는 소리가 들린다. 자세히 들어 보니, 청소 로봇에게 청소를 요청하고 계셨다. 어머니는 그 청소 로봇이 말을 알아듣고 스스로 돌아다니는 게 귀엽다면서 참 기특해 하신다.

참고문헌

김예진 외(2022). 코로나 대유행 시기 한국인의 외로움: 생물심리사회모델에 기반한 잠재계층분석. 《한국심리학회지: 사회 및 성격》. 36(2), 87~112쪽.

서영석 외(2020). 한국인의 외로움(loneliness): 개념적 정의와 측정에 관한 고찰. 《한국심리학회지: 일반》, 39(2), 205~247쪽.

서울대학교병원(2024). 우울장애. http://www.snuh.org/health/nMedInfo/nView.do?category=DIS&medid=AA000353

송문선(2022). 빅데이터를 이용한 독거노인 돌봄 AI 대화형 말동무 아가야(AGAYA) 로봇 시스템에 관한 연구. 《한국콘텐츠학회논문지》, 22(5), 305~318쪽.

안현찬 외(2022). 서울시 1인가구 실태조사 및 제도개선 연구용역. 서울연구원.

이동기 외(2018). 1인가구 시대 외로움케어 산업 의미와 전라북도 추진방향. 전북연구원.

Fitzpatrick, K. K., et al.(2017). Delivering cognitive behavior therapy to young adults with symptoms of depression and anxiety using a fully automated conversational agent

(Woebot): A randomized controlled trial. *JMIR Mental Health*, 4(2), e19.

Impact square(2024). 디지털 솔루션, 사회적 고립의 해결책인가 새로운 고립의 덫인가? https://www.impactsquare.com/impact-business-review/rgjnl5ftnbl5hl43ecs7b62expgrf5

Lee, C. M., et al.(2020). Increases in loneliness among young adults during the COVID-19 pandemic and association with increases in mental health problems. *Journal of Adolescent Health*, 67(5), pp.714~717.

Nudd, T.(2016). Amazon made more than a hundred 10-second ads asking alexa the funniest things. https://www.adweek.com/creativity/amazon-made-more-hundred-10-second-ads-asking-echo-funniest-things-173901/

Pradhan, A., et al.(2019). 'Phantom Friend' or 'Just a Box with Information': Personification and ontological categorization of smart speaker-based voice assistants by older adults. *Proceedings of the ACM on Human-Computer Interaction*, 3(CSCW), pp.1~21.

07
AI와 원격 의료 체계

병원에 직접 방문하지 않고 진료를 받을 수 있다면 어떨까? 빅 데이터, 개선된 의료 디바이스, 사물인터넷, AI는 이러한 원격 의료 체계를 가능하게 하였다. 원격 진료에 대한 찬성과 반대의 입장을 살펴 보고, 우리의 건강한 삶을 위한 더욱 바람직한 방향은 무엇인지 고민이 필요하다.

AI와 윤동주?

원격 의료의 현황

산골짜기 외딴섬에 사는 주민도
전방을 지키고 있는 군인도
멀리 바다로 나간 선원도
혼자 외출이 쉽지 않은 노인이나 장애인도
항상 건강 관리가 필요한 만성 질환자도
언제, 어디서나, 가까이에서 나의 건강을 항상 챙겨 주는 원격 의료 서비스.
모든 국민의 의료 복지 실현을 위해 꼭 필요한 서비스입니다.

— 보건복지부(2025)

원격 의료(Telemedicine)란 정보통신기술(ICT)을 활용하여 의료 서비스 제공자와 환자가 물리적으로 떨어진 상태에서 진료, 상담, 치료, 교육 등을 수행하는 의료 서비스를 의미한다. 원격 의료는 의료 접근성이 낮은 지역이나 거동이 불편한 환자에게 특히 유용하다. 이는 의료 사각지대 해소, 만성 질환 관리, 감염병 대응, 질환의 지속적 관리 등의 장점이 있다. 우리나라의 보건복지부는 국민에게 원격 의료를 다음과 같이 설명하고 있다(보건복지부, 2025).

원격 의료는 시대적인 흐름이 되었다. 세계 각국에서 원격 의료의 도입이 추진되고 있는 공통된 배경으로는 ① 인구 고령화와 국가별 보건 재정 문제, ② 소비자의 건강 관리에 대한 개인화 요구, ③ 의료 서비스 불균형 해소, ④ 치료보다는 예방 및 관리로의 전환 등을 들 수 있다. 원격 진료의 활용은 국민의 의료 서비스 접근성 강화, 의료 사각지대 해소 및 편의 증진, 질환의 지속적 관리 등의 장점이 있다(보건복지부, 2018).

원격 의료는 1960년대 미국에서 시작된 개념으로, 도입 초기에는 지리적으로 의료 기관에 접근하기 어려운 지역의 환자들에게 의료 서비스를 제공하는 것을 목적으로 했다. 이후, 1990년대 미국원격진료협회가 설립되었고, '건강 보험 정보 활용 및 책임에 관한 법'이 제정되면서 의료 정보 서비스를 가속화했다.

원격 의료는 정보 기술과 함께 발전했고, 원격 의료 확대를 위한 꾸준한 노력이 있었지만, 법 · 경제 · 제도적 문제들로 인해 확장에 한계점을 보이기도 하였다. 그러나 2020년 세계보건기구의 코로나19 팬데믹 선언으로 인해 사회적 소통 문화가 온라인 · 비대면으로 급격히 전환되면서, 원격 의료 시스템의 확산이 가속화되었다.

한국의 경우 2020년 코로나 대유행 시기에 비대면 진료를 일시 허용하였으나, 2023년에 코로나 위기 단계가 심각에서 경계로 하향되면서, 비대면 진료 자체가 불법화되는 상황이 벌어졌다. 이에, 코로나 비상 시기에 원격 의료를 중계하던 플랫폼 업체들이 강력 반발했다. 현재 보건복지부는 이해관계가 있는 여러 단체와의 논의를 진행하며, 단계적으로나마 원격 의료 제도의 개선을 추진하고 있다. 내용은 원격 의료의 시행을 ① 대면 진료의 보조로서, ② 재진 환자 및 1차 의료 기관 중심으로, ③ 비대면 전담 의료 기관의 설치는 금지하고, ④ 부적절한 플랫폼을 규제(신고제 운영)한다는 원칙하에 허용하는 것이지만, 의사 단체들은 관련한 정책에 우려를 표하기도 하였다(하경대, 2023). 그러나 세계 각국의 정부는 원격 의료 관련 규제를 완화하는 추세이며, 앞으로도 그 속도는 더욱 빨라질 전망이다(장지연, 2024).

원격 의료에서 AI와 IoT

'연결'과 '소통'의 기술이 원격 의료의 핵심이다. 스마트워치 등의 각종 웨어러블 디바이스와 클라우드(Cloud, 네트워크를 통해 IT 자원을 공유하는 시스템), 사물인터넷의 연결은 원격 의료의 발전을 돕는다. 이러한 기술들을 통해 환자, 의료진, 의료 디바이스 간의 연결과 소통을 지원하고, 실시간 데이터를 사용하여 더 높은 품질의 의료 서비스를 지원할 수 있다.

환자는 집에서 웨어러블 디바이스 및 기타 의료 장치를 사용하여 혈압, 온도 및 심박수를 확인하고 그 결과를 의사가 분석하도록 전송할 수 있다. 웨어러블 디바이스는 종일 환자의 바이탈 사인(Vital Sign: 환자의 체온 · 호흡 · 맥박 등의 활력 징후)을 추적하고 데이터를 클라우드로 전송하므로, 환자 자신과 의료진이 서로 간편하게 지속적으로 소통할 수 있다.

응급 구조 요원은 환자를 병원으로 이송하는 동안에도 원격 의료 장치를 활용하여 판독 기록을 의료진에게 보낼 수 있다. 의료진은 치료에 대해 즉각적으로 조언할 수 있으며, 환자의 도착을 더 잘 준비할 수 있다. 응급 상황에 즉시 대응하는 능력은 심장 마비나 뇌졸중과 같이 골든 타임이 중요한 질병에서 생명을 구할 수 있는 중요한 요인이 된다.

AI는 원격 의료에 새로운 기능을 도입할 수 있다. 예를 들어, 원격 의료 중 환자의 병력을 더 쉽게 파악하는 프롬프트(Prompt: AI와 소통하기 위해 사용하는 텍스트 기반의 명령어나 질문)를 사용하여 질문을 유동적으로 조정할 수 있고, AI 알고리즘이 특정 질환의 진단을 지원할 수 있다. 또한 개인 모니터링 데이터를 기반으로 하여 AI 기반 맞춤형 질병 관리 방안을 제안할 수도 있다.

원격 의료는 기본적으로는 공간의 제약 없이 의료진과 환자의 소통을 지원하는 원격 '진료'를 핵심으로 하지만, AI와 IoT를 통해서 진료의 영역을 넘어 '예방', '관리' 등의 의료 서비스 각 분야로 영역을 확장할 수 있다.

원격 의료 찬성의 입장

원격 의료에 관해서는 다양한 입장이 있는데, 찬성 측과 반대 측의 각 입장을 살펴보면 우리 사회에 줄 유익을 판단해 볼 수 있을 것이다. 그 입장은 아직도 첨예하지만, 거스를 수 없는 변화의 시기라면 이에 대한 우리의 진지한 논의와 적극적인 대응이 필요하다.

원격 의료 찬성 입장은 ① 의료 서비스의 접근성 향상으로 의료 사각지대 해소, ② 환자 편의성 증대 등 의료 공공성 실현, ③ 의료 접근성 증가로 건강에 대한 불안감 해소, ④ 의료 서비스의 연속성 증대 등을 이유로 원격 의료 추진에 찬성하고 있다.

원격 의료에 찬성하는 측에서 가장 강조하는 점은 국가가 의료 공공성에 대한 책무를 가진다는 것과 한국이 정보 기술 강국이라는 점이다. 헌법 제36조 제3항에서는 국민의 '보건권'을 규정하고 있는데, 이에 따라 모든 국민은 국가로부터 의료적 보호를 받을 권리를 가지고 있고, 국가는 이에 대한 책무를 갖는다. 그런데 인구수가 적은 지방의 경우 병상 수나 양질의 의료 인력이 부족한 것이 현실이며, 대도시와 지방 간 의료 서비스 질의 차이도 부인하기 어렵다. 그 해결 방안으로 원격 의료를 제안하는 것이다(이한주, 2018).

또한, 우리나라는 정보 기술 강국으로서 스마트폰 앱 사용량 세계 1위, 스마트폰 보급률 세계 4위다. 이처럼 우리나라는 원격 의료를 실행하기 유리한 조건을 가지고 있으며, 이러한 인프라 속에서도 실질적인 원격 의료가 이루어지지 않고 있는 것은 오히려 부자연스럽고 비경제적인 현상이라고 주장한다(최용전, 2019).

원격 의료 반대의 입장

우리나라에서 원격 의료는 1980년대에 처음 시범적으로 실시되었고, 2002년 의료법에 관련 규정을 신설하면서 의료인 간의 원격 의료 활성화 방안이 논의되었다(전영주, 2014). 이후 2016년에 의료인과 환자 간의 원격 의료를 허용하는 내용을 포함한 의료법 개정안을 발의하였지만 시행되지는 못했다.

대한의사협회는 원격 의료의 확대로 의료 서비스의 질이 저하할 수 있고, 의료 전달 체계에 혼란을 가져올 수 있다는 점을 우려했다(NASPAA, 2021). 특히, 의료계에서는 원격 의료 과정에서 대면 진료를 할 수 없으므로 시진 · 청진 · 타진 · 촉진(보고 듣고 두드리고 만져서 진료하는 것)이라는 진료 방식이 어떤 식으로든 훼손될 수밖에 없으며, 환자의 상태를 명확히 확인할 수 없는 상황에서 진단하고 처방하는 것은 어렵다는 의견을 이야기한다.

대한의사협회 김대하(2020)는 원격 의료에 대해 다음과 같이 이야기한다.

> 진료는 의사와 환자의 만남이다. 이것은 단순히 의학이라는 지식과 증상이라는 현상의 만남이 아니다. 의학을 배운 사람과 증상을 가진 사람이 만나는 사람 대 사람의 상호작용이다. 그래서 그 결과는 사람의 특성이나 그들 사이의 관계 그리고 주변의 환경에 영향을 받는다. 환자를 직접 만나는 의사가 아니라면 이러한 진료의 특성을 생각하기 어렵다. 원격 의료에 대한 논의를, 정부와 산업계가 아니라 임상의들이 주도적으로 이끌어야 하는 이유다.

이렇듯 원격 의료의 찬반에 대한 입장 차이는 선명하다. 원격 의료의 허용 범위는 의사와 환자 모두에게 중요한 문제다. 대전제는 '국민의 건강권을 지키는 것에 무엇이 더 도움이 되는가'이겠지만 이 부분에 관해서도 원격 의료 찬성 측은 의료 사각지대 개선, 원격 의료 반대 측은 오진 발생의 우려를 이야기하므로 특정 의견이 더 타당하다고 쉽게 결론 내릴 수 있는 문제는 아니다. 더욱이 의료 행위의 안전성 문제는 비전문가로서는 판단이 어려운 영역이다.

앞으로 우리는 점점 더 발전하는 디지털 헬스케어 기술과 글로벌 생활 환경 속에서, 국민의 건강권을 보장하면서 의료진의 전문적 의견을 존중할 수 있는 적절한 방향을 찾아가기 위해 집중하여 숙의하고, 지혜를 모아야 할 것이다. 지금 당신의 생각은 어떠한가?

참고문헌

김대하(2020). 원격의료의 다른 이름, 비대면 의료 서비스에 대한 고찰. 《대한내과학회지》, 95(4), 228~231쪽.

보건복지부(2018.8.23). 원격의료 관련 설명자료 [보도설명자료]. https://www.mohw.go.kr/board.es?act=view&bid=0030&list_no=345789&mid=a10504000000&nPage=57

보건복지부(2025). 보건의료제도개선.

https://www.mohw.go.kr/medical/cy/scy0101ls.jsp?PAR_MENU_ID=12&MENU_ID=120501

이한주(2018). 원격의료제도 현실화 문제와 개선방안. 《한국의료법학회지》, 26(2), 25~50쪽.

장지연(2024). 비대면 의료서비스 확산의 고용효과. 한국노동연구원.

전영주(2014). 원격의료 활성화를 위한 선결과제. 《Journal of the korea society of computer and information》, 19(8), 169~176쪽.

정순형·박종렬(2012). 의료법상의 원격의료 제도에 관한 고찰. 《한국컴퓨터정보학회》, 17(12), 241~249쪽.

최용전(2019). 원격의료의 법적 정당성과 미국 각 주의 원격의료제도의 헌법적 근거에 관한 연구. 《토지공법연구》, 86, 309~343쪽.

하경대(2023.5.5). 비대면진료 법제화, 본격 드라이브 걸리나…초재진 기준·면책조항 등 일부 조정 가능성. 메디게이트뉴스. https://medigatenews.com/news/2703214603

NASPAA(2021). The future of telemedicine? policy and regulatory debates in South Korea. NASPAA Publicases. https://www.publicases.org/case/the-future-of-telemedicine-policy-and-regulatory-debates-in-south-korea/

08
디지털 헬스케어 정책

보건 · 의료 시스템의 디지털 전환이 가속화됨에 따라 디지털 헬스케어의 진화는 필연적인 현상이 되었지만, 법과 제도적 뒷받침이 없이는 성장도, 안착도 제한을 받을 수밖에 없다. 디지털 헬스케어 활성화를 위한 전략이 더욱 활발하게 논의되어야 하며, 관련 생태계 구축과 제도 개선 노력이 필요하다. 디지털 헬스케어의 전반적인 법제화 동향과 함께 핵심 요소인 데이터 관련 정책을 살펴보고, 아직 비교적 진전이 더딘 디지털 리터러시 분야에 관련한 정책을 살펴보고자 한다.

AI와 한의학?

디지털 헬스케어의 동향

디지털 헬스케어는 단순한 기술이 아니라 '생명의 가치', '사람의 권리', '제도의 신뢰'와 깊이 연결되어 있다. 따라서 정책은 기술만큼이나 섬세하고, 체계적이며, 사람 중심이어야 한다.

미국, 영국, 호주 등 주요 선진국은 국가 차원의 '디지털 헬스 혁신 전략'을 선제적으로 수립하고 있다.

미국은 2016년에 '21세기 치료법(21st Century Cures Act)'을 만들면서, 의료 정보에 대한 접근과 활용을 법적으로 보장하기 시작했다. 이 법은 환자 스스로 자신의 건강 기록을 열람할 수 있도록 하고, 병원이나 의료 기관들 사이에서 전자 건강 정보가 자유롭게 공유될 수 있는 환경을 마련했다. 또한, 병원이 정보를 독점하거나 환자에게 정보를 주지 않는 것을 금지하고, '정보 차단(Information Blocking)' 행위도 법으로 막았다. 이와 함께, 정밀 의료와 유전자 연구를 위한 정부 차원의 투자도 이루어졌다. 전반적으로 미국의 디지털 헬스케어 정책은 환자가 자신의 데이터를 직접 활용할 수 있도록 돕고, 의료 정보 시스템 간의 연결과 호환(상호 운용성)을 높이는 데 초점을 맞추고 있다.

영국은 국민건강서비스(NHS, National Health

Service)를 중심으로 의료의 디지털화를 체계적으로 추진하고 있다. 2019년 NHS 장기 계획을 발표하면서, 디지털 기술을 공공 보건의 중심축으로 삼겠다고 선언했고, NHS 앱을 통해 환자가 병원 예약, 진료 기록 열람, 처방 확인 등을 직접 할 수 있도록 했다. 영국의 디지털 헬스는 개인이 자신의 건강 정보를 편리하게 관리할 수 있게 만들고, 의료진이 데이터에 기반한 맞춤형 치료를 제공할 수 있도록 지원하는 체계를 갖추고 있다. 공공 서비스의 신뢰성과 디지털 기술의 편의성을 함께 추구하는 모델이다.

호주는 '마이 헬스 레코드(My Health Record)'라는 디지털 건강 기록 시스템을 운영하고 있다. 이 시스템은 대부분의 국민에게 자동으로 생성되며, 개인은 자신의 진료 이력, 검사 결과, 예방 접종 기록 등을 한눈에 확인할 수 있다. 병원, 약국, 응급 센터 등과도 연계되어 있어 의료 기관 간 진료 연속성이 향상되었고, 응급 상황에서도 환자의 정보에 빠르게 접근할 수 있게 되었다. 호주는 2018년부터 국가 디지털 헬스 전략(National Digital Health Strategy)을 수립하여, 이 시스템을 중심으로 AI, 웨어러블, 유전체 데이터 등을 연계해 나가고 있다. 환자가 자신의 건강을 직접 관리할 수 있도록 하는 자율적 기반을 만들어 가는 중이다.

세 나라의 정책은 방식은 서로 다르지만, 공통적으로 건강 정보의 디지털화, 환자 중심의 데이터 접근, 의료 서비스의 효율성과 개인화라는 목표를 지향하고 있다.

헬스케어 데이터 정책

디지털 헬스케어 산업은 데이터 정책에 큰 영향을 받는다. 디지털 헬스케어는 방대한 의료 데이터(의료 전자 기록, 유전체, 행동 데이터 등)를 기반으로 하기 때문이다.

우리나라는 2020년에 '데이터 산업 활성화'와 '개인 정보 보호'의 균형을 위해 데이터 3법(개인정보보호법, 정보통신망법, 신용정보법)을 개정했다. 개정된 법에서는 가명 정보 개념을 새로 도입하고, 서로 다른 기관의 데이터를 합쳐서 활용할 수 있도록 허용했으며, 개인 정보 보호를 전담하는 '개인정보보호위원회'를 새로 만들었다. 또한, 여러 법률에 흩어져 있던 개인 정보 관련 규정을 하나로 통합하여 관리할 수 있는 기반을 마련했다.

가명 정보란, 개인을 직접 알아볼 수 없도록 이름이나 주민 번호 같은 정보를 가린 개인 정보를 말한다. 2020년 개정된 데이터 3법에서는, 이런 가명 정보에 한해서는 개인의 동의를 받지 않아도 통계 작성, 과학 연구, 공익을 위한 기록 보존 같은 목적에 사용할 수 있도록 하고 있다. 즉, 개인을 식별하지 않는 선에서 데이터를 활용할 수 있는 길이 열리면서, 기업이나 연구 기관이 새로운 서비스나 기술, 제품을 개발하는 데 큰 도움이 될 수 있다는 것이다(이양복, 2020).

보건복지부는 데이터 3법에 기반하여 각종 의료 기관에 분산된 개인의 건강 정보를 통합하여 활용할 수 있는 제도를 추진하는 등, 예측 · 예방 중심의 개인 맞춤형 혁신 의료 서비스가 가능하도록 정책 기반을 마련하고 있다(연미영, 2023). '정밀의료병원정보시스템'과 '바이오 헬스 빅 데이터 플랫폼'을 통해 병원 · 건강보험공단 · 질병관리청 등과 데이터를 연계하고 있다.

디지털 헬스 리터러시 정책

'구슬이 서 말이어도 꿰어야 보배'라는 클래식한 속담과 같이, 발전하는 디지털 헬스케어 기술을 시민이 잘 이해하고 활용할 수 있을 때, 디지털 헬스케어가 비로소 국민 건강 증진을 위한 역할을 잘 수행할 수 있을 것이다. 이를 위해 필요한 개념이 디지털 헬스 리터러시(DHL, Digital Health Literacy: 디지털 건강 문해력)다. 이는 '건강 관리를 위한 디지털 이해 및 활용 능력'으로, '온라인 상에서 건강 정보를 찾고, 이해하고, 평가해서, 이를 건강 문제를 해결하는 데 사용하는 능력'으로 정의된다(Norman & Skinner 2006).

미국 등의 여러 국가에서는 디지털 헬스케어 정책 수립을 위한 국가 단위 조사에 디지털 헬스 리터러시 문항을 포함하고 있다. 특히, 캐나다에서는 디지털 건강 환경에 대한 이해를 위해 캐나다인의 디지털 헬스 인식, 원격 의료 이용, 디지털 헬스 리터러시, 건강 정보 사용 등 혁신 기술에 대한 인식 조사(Canada Health Infoway)를 실시하고 있다(연미영, 2023).

유럽연합(EU)은 헬스케어 분야의 디지털 전환(DTHC, Digital Transformation of Health and Care)을 위해 여러 정책을 추진하고 있다. 이 정책의 핵심은 유럽 국가 간에 건강 데이터를 안전하게 공유하고, 질병 예방과 연구, 개인 맞춤형 건강 관리의 수준을 높이는 것이다. 또 하나 중요한 목표는, 시민들이 자신의 건강을 더 잘 이해하고 직접 관리할 수 있도록 도와주는 디지털 도구를 제공하는 것이다(Digital Health Europe, 2020).

최은진(2022)이 우리나라 성인 1000여 명을 대상으로 디지털 리터러시 역량에 대해 조사한 결과에서는, 국민들은 건강 정보를 찾기 위한 검색어 사용에는 익숙하지만, 정확한 정보를 선별하고, 신뢰성을 판단하는 데에는 어려움을 겪는 것으로 나타났다. 이는 디지털 리터러시 중 평가 능력의 취약성을 보여 주는 결과로 해석될 수 있다.

현재 우리나라의 보건 · 의료 전반에서 디지털 전환이 급격히 이루어지고 있으므로, 수요자의 디지털 헬스 리터러시 함양에 대한 인식과 지원을 확대해야 할 필요성이 있다. 개개인의 건강 관리 역량을 향상하기 위해 시민은 디지털 헬스 리터러시를 함양하도록 노력해야 하며, 정부 기관과 더불어 보건 · 의료계, 학계, 교육계, 지역사회 차원의 협력적인 전략이 필요하다.

참고문헌

보건복지부(2023). 국민건강 증진을 위해, 디지털 헬스케어 산업을 육성하겠습니다. https://www.mohw.go.kr/board.es?mid=a10503010100&bid=0027&tag=&act=view&list_no=376538&cg_code=

연미영(2023). 디지털헬스케어 정책 현황: 소비자 참여 기반의 디지털 헬스케어 활성화를 위한 검토. 한국보건산업진흥원.

이양복(2020). 데이터 3법의 분석과 향후과제. 《비교사법》. 27(2), 423~465쪽.

최은진(2022). 디지털 헬스 리터러시 조사 결과와 정책적 시사점.

《보건복지포럼》. 74~85쪽.

Digital Health Europe(2020). Patient empowerment roadmap. https://digitalhealtheurope.eu/results-and-publications/patient-empowerment-roadmap/

Norman C. D. & Skinner, H. A.(2006). eHealth literacy: Essential skills for consumer health in a networked world. *Journal of medical internet research*, 8(2), e9.

09

AI와 의료 윤리

'인공'적인 '지능'은 어떤 존재적 의미를 가지는가. 인공지능이라는 네 글자는 그 단어만으로도 참 많은 생각을 하게 한다. 인공지능을 기술적 대상으로 대해야 할지, 지적 능력을 가진 새롭게 창조된 어떠한 존재로 인식해야 할지, 그리고 AI의 의료적 결정에는 어떤 책임이 뒤따를지, 아직은 모호하지만 그 해답을 찾아가는 많은 이들의 고민을 함께 살펴보자.

AI와 화장품?

AI 윤리

'윤리'의 의미는 '사람으로서 마땅히 행하거나 지켜야 할 도리'다(국립국어원, 2018). 우리는 단순한 사물에 함부로 주체성을 부여하지 않지만 '인공지능 윤리'라는 용어를 비교적 자연스럽게 사용하는 것을 보면, 우리가 인공지능의 주체성을 어느 정도 인정하고 있는 듯하다. 이세돌과 인공지능 알파고(Alphago)의 2016년 바둑 대결에서 알파고가 승리하면서 인공지능에 세계의 이목이 집중된 이유는 인공지능이 보여 준 주체적 행위자로서의 능력 때문이었다. 주체적으로 행위하고 판단할 수 있는 존재에는 통상 그 행위에 윤리적, 법적 책임이 따른다(임미가, 2021a).

기술철학자 자크 엘륄(Jacques Ellul)은 인간이 기술사회에서 주체로서의 지위를 유지할 수 있는가에 대한 우려를 가지고 있었다(임미가, 2021b). 우리가 인공지능을 온전히 이해하기도 전에 인공지능이 빠르게 우리의 생활 속에 들어왔다. 이러한 상황은 자크 엘륄이 던졌던 우려의 질문을 떠올리게 한다. 인공지능의 역할은 편리성, 정확성, 신속성의 측면에서 긍정적으로 평가되지만 반면 부정적인 예측도 많다. 인공지능의 역할 증대로 인한 인간 소외 현상, 소수의 IT 관련자에게 부가 집중되는 사회적 불평등 야기, 인공지능이 인간 지성을 뛰어넘어 인간의 자율성을 제한할 것이라는 인간의 존재성 위기 등이 그것이다.

인공지능 기술이 예술, 금융, 국방, 노동 시장 등 사회 각 영역에 큰 변화를 가져옴에 따라(임미가, 2020), 인공지능이 겪는 윤리적 딜레마의 수와 범위도 다양해지고 있다. 트롤리 딜레마(Trolley Problem)는 윤리학의 유명한 사고 실험으로 그 내용은 다음과 같다. '트롤리가 선로를 달려오고 있다. 선로 위에는 다섯 사람이 있고 트롤리가 그대로 달린다면 다섯 사람이 죽게 된다. 현재 당신은 선로 변환기 앞에 있다. 당신이 선로 변환기를 당기면 트롤리는 다른 선로로 이동하게 되고 그렇게 되면 다른 선로에 있는 한 사람이 죽게 된다. 당신은 어떻게 할 것인가?' 이 질문에 대한 정답은 없다. 선택은 개인의 몫이다. 다수의 이익을 추구하는 공리주의, 또는 직접적으로 죽음을 초래해서는 안 된다는 의무론적 접근 등 개인의 가치관에 따라 선택은 다를 것이다. 그렇다면 트롤리 딜레마에 대한 답변자가 사람이 아닌 인공지능일 경우에는 어떠할까. 이와 같은 선택의 문제가 '의료 현장'에서 발생하고, 인공지능에게 유사한 질문이 던져진다면 인공지능은 어떠한 판단을 내리게 될 것이며, 그 판단은 인간에게 어떠한 영향을 미치게 될까?

AI 의료 윤리

의료계의 트롤리 딜레마다. 살고자 하는 강한 의지가 있는 생존 확률 1%의 환자와 자해 시도를 한 생존 확률 99%의 환자가 있을 때, 둘 중 한 명을 치료해야 하는 상황이라면 어떠한 환자를 치료하는 것이 올바른 선택인가. 의료 행위는 인간을 대상으로 하는 '의사 결정'의 과정이다(Kim, 2020). 이 과정은 표준화된 경로를 따르는 것이 아니라 환자 개인의 특성, 사회 문화적 여건 등의 종합적인 고려를 통해 이루어진다(나해란 · 김헌성, 2020).

빅 데이터와 AI를 활용한 의료 환경은 치료 효율성과 의료 접근성을 높일 수 있는 가능성을 제공하지만, 동시에 윤리적 문제 또한 다양하게 대두되고 있다. 이 글에서는 의료 AI 환경에서 발생하는 주요 윤리적 이슈를 데이터 윤리, 알고리즘 윤리, 책임과 규범 윤리의 세 가지 측면에서 살펴보고자 한다.

첫째, 의료 데이터 윤리 측면에서 대표적인 논의는 데이터 보안의 문제다. 의료 AI의 출발점은 환자 데이터다. 그러나 의료 데이터는 개인의 신체 상태, 병력, 유전체 등 극도로 민감한 정보를 포함하기 때문에, 데이터 수

집과 처리, 공유 과정에서 개인 정보 보호가 반드시 보장되어야 한다. 정보 주체는 자신의 데이터를 어떻게, 누구에게, 어떤 목적으로 제공하는지를 스스로 결정할 권리(정보 자기결정권)를 가져야 하며, 이를 위해서는 명확한 고지, 동의 절차, 접근 통제가 필요하다(허유선 · 김혜경, 2024).

그러나 한편으로 의료 빅 데이터는 개인과 사회 구성원 모두의 건강을 유지하고 증진하기 위해 필요한 공공재의 성격을 가지기도 한다(류재한, 2023). 우리나라의 '데이터 3법' 개정 이후 의료 빅 데이터의 활용이 본격화되었지만, 여전히 가명 정보와 익명 정보의 경계, 비동의 데이터 활용의 윤리성, 데이터의 공공재적 성격에 대한 사회적 논의가 진행 중이다. 이는 단순히 법적 기준만으로는 해결될 수 없으며, 환자, 의료 기관, 연구자, 기업, 정부 등 이해관계자 간의 윤리적 거버넌스 구축이 필수다.

둘째, 의료 알고리즘 윤리 측면에서 대표적 논의는 AI의 의료 의사 결정에 대한 신뢰의 측면이다. AI가 환자의 건강 상태를 진단하거나 예측할 때, 그 판단이 공정하고 정확해야 한다. 그러나 AI는 편향된 데이터를 학습하거나, 왜 그런 판단을 내렸는지를 설명하지 못하는 경우

(black-box AI)가 많다. 이러한 편향성과 불투명성은 AI에 대한 신뢰를 약화하며, 실제 의료 활용의 장애 요인이 된다. 실제 사례로, 구글 헬스(Google Health)가 태국에서 시행한 당뇨병성 망막병증 진단 AI 프로젝트가 있다. 이 AI는 실험실에서는 높은 정확도를 보였지만, 실제 진료 현장에서는 결과 지연, 판단 불가 메시지의 반복, 의료진의 해석 불가 등의 이유로 의료진과 환자의 불신을 초래했고, 결국 중단되었다. 이 사례는 AI가 의료 의사결정에 활용되기 위해서는 기술적 성능뿐 아니라 결과의 해석 가능성과 설명력이 뒷받침되어야 함을 보여 준다.

셋째, 의료적 책임과 규범 윤리의 측면이다. 만약 AI를 활용한 의료 활동에서 어떠한 문제가 발생할 경우, 그 문제가 인공지능에 의한 것인지, 혹은 의료인이나 환자에 의한 것인지를 어떻게 구분할 수 있을까? 인공지능에 그 원인이 있다고 추정한다 할지라도, 그 원인이 데이터 문제인지, 시스템 공급자의 문제인지, 활용한 의료진의 문제인지를 명백히 밝히는 것은 쉬운 일이 아니다. 인공지능의 의료적 책무 범위, 구체적인 역할의 규정 및 제도적 보장은 AI 의료의 활용에 중대한 과제로 남아 있다(허유선 · 김혜경, 2024).

이상의 여러 윤리적 우려에도 불구하고, 의료 영역에서 AI의 기여는 분명 획기적이며 가치가 있다. 그리하여 AI의 의료 윤리적 문제점을 개선하기 위한 노력도 꾸준히 이어지고 있다. 미국 국가과학기술위원회(NSTC, National Science and Technology Council), 전기전자공학자협회(IEEE, Institute of Electrical and Electronics Engineers) 등에서 인공지능 연구 개발 원칙 및 윤리 준칙을 발표하여 왔고, 2024년 3월에는 유럽연합이 인공지능법 「AI법(AI Act)」을 제시했다. 「AI법」은 AI 기술의 발전과 사용에 따른 법적, 윤리적, 사회적 영향을 관리하기 위한 법안이다. AI에 대한 세계 최초의 포괄적인 규제 프레임워크로 평가받고 있으며, 전문가들은 이 법안이 전 세계적으로 AI 거버넌스 및 윤리 표준 개발에 박차를 가할 것으로 예상하고 있다(IBM, 2025).

AI 의료 윤리와 관련하여 세부적으로는, 보안의 문제를 예방하기 위한 더욱 강력한 보안 프로토콜 및 제어 메커니즘 도입, 편향의 문제를 완화하기 위한 알고리즘 감독 및 품질 관리 시스템 구축, AI의 투명성을 향상하기 위한 의사 결정 프로세스 명시 규정 도입 등이 해결 방안으로 제안되고 있다(Luong, 2024).

관련하여 다음과 같은 질문을 던지고 싶다. 'AI 의사'

는 도덕적 행위자인가? 앞서 언급한 법, 제도, 기술적 제안의 노력과 함께 의료 AI의 존재론적 의미, 도덕적 지위, 그리고 그 이상향에 대한 고찰이 함께 필요하다. 서두에 언급하였듯이 AI는 일정 부분 주체적 행위자로서의 역할을 하고 있다. 새롭게 등장한 기술적 존재의 의미를 정의하는 것이 쉽지 않고 낯선 일이겠지만, 이러한 근본적인 고민이 우선할 때 그 위에서 법, 제도, 기술적 제안이 더욱 의미 있게 작동할 수 있을 것이다.

참고문헌

국립국어원(2018). 윤리. https://stdict.korean.go.kr/search/searchResult.do?pageSize=10&searchKeyword=%EC%9C%A4%EB%A6%AC

나해란·김헌성(2020). 빅데이터, 인공지능시대의 의료윤리. 《J korean diabetes》, 21, 126~129쪽.

류재한(2023). 보건의료 빅데이터의 공적 가치와 윤리적 거버넌스. 《철학연구》. 165, 51~71쪽.

임미가(2020). 인공지능 시대에서 기술 교육의 방향에 관한 고찰. 《한국실과교육학회》, 33(4), 81~102쪽.

임미가(2021a). 인공지능 윤리 연구에 관한 체계적 문헌고찰. 《윤리연구》, 135, 47~66쪽.

임미가(2021b). 기술교육에 관한 기술철학적 고찰. 《한국실과교육학회》, 34(4), 121~140쪽.

허유선·김혜경(2024). 의료 영역의 인공지능 윤리와 환자 자율성. 《철학·사상·문화》, 45, 235~260쪽.

IBM(2025). 유럽연합의 인공지능법(EU AI 법)이란 무엇인가요? https://www.ibm.com/kr-ko/topics/eu-ai-act

Kim, H.(2020). Decision-making in artificial intelligence: is it always correct? *Journal of korean medical science*, 35, e1.

Luong, K.(2024). 현재 의료 AI의 단점과 미래를 위한 해결책. Ominext. https://www.ominext.com/kr/blog/unveiling-the-dark-side-cons-of-artificial-intelligence-in-healthcare-revealed

10
디지털 헬스케어의 미래

디지털 헬스케어의 미래는 어떤 모습이어야 할까. 4차 산업 혁명이라는 기술적 발전이 디지털 헬스케어의 비약적인 성장에 영향을 준 것처럼, 앞으로 새로운 기술의 발전은 디지털 헬스케어의 또 다른 변화를 만들어 갈 것이다. 그 과정에서 우리가 지향해야 할 디지털 헬스케어의 미래는 어떤 모습일까.

디지털 헬스케어의 미래 전망

'연결'을 넘어서 '지능화'와 '적정화'가 강조될 것이다.

디지털 헬스케어의 미래는 어떠한 모습일까. 지금까지 발전되어 온 센서, 웨어러블 장비, 각종 IT 기술을 활용한 의료 형태를 '연결 의료'라고 한다면, 앞으로 빅 데이터와 인공지능을 적극적으로 활용하는 의료의 형태를 '지능 의료'라 할 수 있다.

IBM의 AI 탑재 슈퍼컴퓨터인 왓슨(Watson)은 복잡한 진단을 오류 없이 진행한다. 왓슨은 2011년 미국 최대의 TV 퀴즈 쇼인 〈제퍼디(Jeopardy)!〉에서 우승하여 화제가 되었으며, 이후 지속적으로 성능을 업그레이드했다. 왓슨을 폐암 진단에 활용한 미국 MD앤더슨암센터(MDACC)의 2011년 보고서에 의하면, 왓슨의 폐암 진단 정확도는 82.6%이며, 이는 통상적인 의료 기관의 진단 정확도를 넘어서는 역량이다(이민화, 2016).

실제 AI를 활용해 의료 진단의 효율성을 개선한 여러 사례가 있다. 하버드대학교 공중보건대학에 따르면, AI를 진단에 활용하면 치료 비용을 최대 50% 절감하고 건강 결과를 40%까지 개선할 수 있다고 한다(IBM, 2025). 또한, 하와이대학교는 방사선 전문의보다 AI 알고리즘이 훨씬 더 많은 방사선 이미지 학습이 가능하여 유방암 예측을 개선할 수 있다고 발표하였다(IBM, 2025). 메사추세츠공과대학(MIT) 연구진은 인간 의사와 AI가 협업할 수 있도록 하는 하이브리드 인간-AI 모델을 개발하기도 했다. 이 모델은 AI가 인간 의사에게 진료나 처치가 필요한 시점 및 관련 정보를 제안하는 형태이며, 이러한 하이브리드 모델이 최상의 결과를 산출한다고 발표했다(AI타임즈, 2025).

인류의 지속 가능한 웰빙을 위해 앞으로 디지털 헬스케어에서 고려해야 할 또 다른 중요 개념은 '적정 의료'다. 적정 의료를 이해하기 위해서는 우선 '적정 기술'의 개념을 알고 있어야 한다. 적정 기술(Appropriate Technology)은 한 공동체의 정치, 문화, 환경적 측면을 고려하여 만들어진 기술을 의미한다.

의료 분야에서의 적정 기술(적정 의료)은 크게 두 가지 관점에서 접근할 수 있다. 첫 번째 관점은 거시적 관점에서 모든 인류에게 적정한 의료 서비스를 제공하는 것에 초점을 둔다. 미래 의료 서비스의 패러다임인 P4 체계로의 변화는, 큰 틀에서는 서로 다른 기술, 문화, 환경적 상황에서 생활하는 인류의 구성원들에게 각자의 환경에 적합한 적정 의료를 제공할 수 있을 때 실현될 수 있다.

적정 의료의 두 번째 관점은 의료 서비스 제공이 미진한 특정 국가 및 사회가 필요로 하는 적정한 의료 서비스를 제공하는 것이다. 저개발 국가 또는 개발 도상국에서는 의료를 위한 인력, 자금, 인프라라는 세 가지 요소가 모두 부족하다. 그리하여 저비용으로 제작할 수 있는 각종 의료 관련 장치들이 개발되고, 제공되기도 했다. 예를 들어, 분쟁 지역에서 지뢰를 밟아 발목을 잃은 사람들이 사용할 수 있도록 제작된 자이푸르 의족(Jaipur Foot), 1달러 미만의 비용으로 약 2천 배까지 사물을 확대하여 볼 수 있어서 말라리아 등 질병의 감별을 위하여 널리 활용되고 있는 간이 현미경인 폴드스코프(Foldscope) 등이 있다.

단순한 장치로 해결되지 않는 질병들은 공적개발원조(ODA, Official Development Assistance)를 통하여 자금과 인프라도 어느 정도 제공이 가능하지만, 의료 전문인력은 단기간 공급 확대에 한계가 있다. 이러한 경우 앞서 언급한 '연결 의료' 및 '지능 의료' 체제를 활용하여, 해당 국가에 '적정 의료'를 지원할 수 있다. 3D 프린팅을 활용하여 개인 맞춤형으로 저렴한 의수를 제작할 수 있게 한 다니엘 프로젝트(Daniel Project), 스마트폰 앱와 간단한 키트로 환자의 안구를 검사할 수 있도록 고안된 피크 비전(Peek Vision), 오픈 소스(Open Sourse: 누구나 특별한 제한 없이 사용할 수 있는 소프트웨어) 기반의 개발 도상국 보건 인력의 산전 관리 코칭 서비스인 모바일 배이비 앱(Mobile Baby App) 등이 그 예다(이민화, 2016).

디지털 헬스케어의 경제적 전망

미래 성장 동력의 핵심 분야이다. 팬데믹의 영향으로 급격히 성장하였고, 정보 기술의 획기적 발전, 의료 복지 증대, 고령화 등의 사회 난제 해결이라는 상황 속에서 디지털 헬스케어 산업은 꾸준한 성장을 보일 것이다.

데이터 수집 및 시각화를 전문으로 하는 독일의 온라인 플랫폼 스태티스타(Statista)에 따르면, 코로나19 유행 전후로 전 세계 디지털 헬스케어 시장은 연평균 33.7%에 달하는 고성장 추이를 보이다가 2022년 6.7%의 한 자리 수 성장 추세로 돌아섰다. 그러나 향후 연평균 8.5%의 꾸준한 성장이 전망된다. 세부 사업 영역별로는 디지털 치료 · 관리 분야가 가장 크게 성장할 전망이며, 이후 디지털 피트니스 · 웰빙, 원격 의료 분야의 경제적 성장이 기대되고 있다(김윤화, 2024).

이때 데이터 수집 및 AI 기술 적용에 유리한 빅 테크

(Big Tech: 정보 기술 산업에서 영향력이 크고 지배적인 기업) 기업이 디지털 헬스케어 시장을 주도할 것으로 예측되는데, 미국의 애플사는 방대한 이용자 기반 위에서 애플워치와 스마트폰 앱, 플랫폼을 연결한 헬스케어 생태계를 이미 조성했다.

국가별로 살펴보면, 2024년 국가별 디지털 헬스 시장 매출 규모는 미국, 중국, 일본, 영국, 인도의 순으로 컸으며, 주요국 대비 한국 시장의 성장 전망은 현재까지는 높지 않은 추세다(김윤화, 2024).

디지털 헬스케어의 발전을 위한 과제

디지털 헬스케어는 AI, 빅 데이터, 원격 진료, 웨어러블 기기 등 다양한 기술을 기반으로 의료의 질을 향상하고, 국민의 건강을 지속적으로 관리할 수 있는 새로운 패러다임을 제시한다. 그러나 기술만으로 이 변화가 완성되는 것은 아니다. 의료계, 산업계, 정부가 각자의 역할을 충실히 수행하고, 서로 협력하는 체계를 구축하는 것이야말로 디지털 헬스케어의 실질적 발전을 위한 핵심 과제다.

첫째, 의료계의 과제다. 의료계는 기술을 의료 현장에 효과적으로 통합하는 핵심 주체다. 의료계는 기술의 사용이 환자와 의료인의 관계를 훼손하지 않도록 조화롭게 활용하는 방안을 고민해야 한다. 디지털 기술이 의료진의 판단력을 대체하는 것이 아니라, 보완하고 지원하는 도구가 될 수 있도록 하는 의료적 책임과 윤리 의식의 강화가 필요하다.

한편, 의료 인력 재교육과 의료계의 융합 인재 양성이 필요하다. 디지털 헬스케어는 전통적인 의료 지식뿐 아니라, 데이터 분석, AI 활용, 시스템 운용 등의 역량을 요구한다. 그러므로 의과대학 및 간호·보건 계열 교육과정에도 디지털 헬스 기술에 대한 소양 및 활용 교육이 반영되어야 한다. 의료 기관 역시 기존 인력에 대한 디지털 전환 훈련 및 지속적인 재교육을 통해 인프라만큼이나 사람 중심의 역량 강화에 주력해야 한다.

둘째, 산업계의 과제다. 혁신과 책임을 함께 추구하는 기술 개발이 필요하다. 의료 분야는 다른 산업과 달리 사람의 생명과 건강에 직접 영향을 미치는 영역이므로, 기술 개발과 서비스 출시 단계에서부터 윤리성과 안전성 확보가 필수적이다.

AI가 진단을 제안하거나 환자의 건강 상태를 예측하더라도, 이를 어떻게 해석하고 실제 진료에 반영할지 결정하는 것은 여전히 의료인의 몫이다. 그러나 AI의 판단

근거가 불투명하거나 설명되지 않으면 의료진은 이를 신뢰하기 어렵다. 의료 AI 시스템은 반드시 설명 가능한 구조(Explainable AI)로 개발되어야 하고, 데이터 편향을 줄이기 위한 정제된 학습, 의료 현장에 적용 가능한 사용자 중심 인터페이스 설계 등은 기업이 반드시 고려해야 할 요소다.

셋째, 정부의 과제다. 정부는 디지털 헬스케어의 성장과 확산을 위한 제도적, 정책적 환경을 조성하는 중재자이자 조율자다. 산업계의 기술 개발과 의료계의 현장 수용 사이에서, 국민의 안전과 건강권을 보호할 수 있는 법적 기준과 정책 방향을 마련하는 것이 핵심 역할이다. 정부는 디지털 헬스케어 발전을 저해하는 불합리한 규제를 선제적으로 정비하고, 동시에, 환자 보호와 의료 윤리의 원칙이 훼손되지 않도록 감시와 조정 기능도 강화해야 한다.

또한, 정부는 디지털 헬스케어가 국민 전체에게 공평하게 혜택을 줄 수 있도록, 정보 격차 해소, 디지털 헬스케어 리터러시 향상 교육, 공공 의료 기관의 디지털 전환 지원과 같은 형평성 강화 정책도 병행해야 한다.

디지털 헬스케어는 더 이상 미래의 기술이 아닌, 현재 우리가 마주하고 있는 새로운 현실이다. 이를 제대로 발전시키기 위해서는 의료계의 전문성, 산업계의 혁신성, 정부의 제도적 뒷받침이 삼위일체로 작동해야 한다.

수요자 중심의 안전한 건강 관리 체계 구축을 위해 의료계, 산업계, 정부가 함께 힘을 합한다면, 우리나라의 디지털 헬스케어는 국민을 이롭게 하고, 글로벌 경쟁력을 확보할 수 있는 훌륭한 신산업으로 자리매김할 것이다.

참고문헌

김윤화(2024). 디지털 헬스케어 시장 전망. 정보통신정책연구원.

이민화(2016). 디지털 헬스케어의 미래: 변화하는 헬스케어 트렌드와 국가의 대응전략. 《보건산업동향》, 6~11쪽.

AI타임즈(2025). MIT AI, 의사 진단 여부 결정 ML 시스템 개발. https://www.aitimes.com/news/articleView.html?idxno=131258

IBM(2025). 의료 분야에서 AI의 이점. https://www.ibm.com/kr-ko/think/insights/ai-healthcare-benefits

임미가

서울대학교 대학혁신센터 대학정책부 선임연구원이다.
서울특별시의 교원으로서 중학교에서 오랜 기간 기술 교과를 교육했고(2005~2020), EBS 중학 기술·가정을 강의했다. 한국교원대학교에서 기술교육학 박사학위를 받은 이후에는 충남대학교 사범대학 및 한국교원대학교의 기술교육과에서 기술교육학을 강의했다. 여러 기술 중 특히 인공지능과 생명기술에 관심을 가지고, 그 공학적 원리와 기술철학적 의의를 함께 연구했다. 현재 주된 관심 분야는 '사회적 난제를 해결하기 위한 기술의 역할'이다. 이것은 신산업과도, 기술철학과도 맞닿아 있다. 그간 "돈 아이디의 기술철학이 인공지능 기술에 주는 함의", "챗봇 튜터를 활용한 AI 융합 발명 교육 프로그램 개발", "Development of family history based AI conversation system using LLM" 등 30여 편의 학술 논문을 게재 또는 발표했다. 현재는 '디지털 심리 케어를 위한 인공지능 시스템 개발'을 연구 중이다.